技能型人才培养特色名校建设规划教材

会计基础与实务项目实训

主 编 刘榕生 司云柱

副主编 王 岩 侯 燕 王芳芳

中国水利水电出版社
www.waterpub.com.cn

内 容 提 要

本书是与《会计基础与实务》配套的会计模拟实训教材。本书内容主要包括十四个单项实训项目和一个综合实训项目。单项实训主要是针对基础会计课堂教学活动的练习项目，综合实训项目是针对课堂教学活动的综合练习。

本书紧紧围绕着高职高专人才培养的目标，遵循教育部提出的"注重基础、突出实用、增加弹性、精选内容"的原则，以会计工作岗位能力培养为主线，力求做到针对性、实用性和新颖性。

本书实训任务的设计科学合理，可操作性强。可以作为高职院校财经类专业相关课程的教材，也可作为会计人员上岗培训教材，以及作为相关经营管理人员的参考用书。

图书在版编目（CIP）数据

会计基础与实务项目实训 / 刘榕生，司云柱主编. -- 北京：中国水利水电出版社，2016.1（2018.9重印）
技能型人才培养特色名校建设规划教材
ISBN 978-7-5170-4040-8

Ⅰ. ①会… Ⅱ. ①刘… ②司… Ⅲ. ①会计学－高等职业教育－教材 Ⅳ. ①F230

中国版本图书馆CIP数据核字（2016）第017722号

策划编辑：石永峰　责任编辑：张玉玲　加工编辑：孙丹　封面设计：李佳

书　　名	技能型人才培养特色名校建设规划教材 **会计基础与实务项目实训**
作　　者	主　编　刘榕生　司云柱 副主编　王岩　侯燕　王芳芳
出版发行	中国水利水电出版社 （北京市海淀区玉渊潭南路1号D座　100038） 网址：www.waterpub.com.cn E-mail：mchannel@263.net（万水） 　　　　sales@waterpub.com.cn 电话：（010）68367658（发行部）、82562819（万水）
经　　售	北京科水图书销售中心（零售） 电话：（010）88383994、63202643、68545874 全国各地新华书店和相关出版物销售网点
排　　版	北京万水电子信息有限公司
印　　刷	三河市鑫金马印装有限公司
规　　格	184mm×260mm　16开本　17.75印张　204千字
版　　次	2016年1月第1版　2018年9月第2次印刷
印　　数	3001—5000册
定　　价	36.00元

凡购买我社图书，如有缺页、倒页、脱页的，本社发行部负责调换

版权所有·侵权必究

前　　言

　　本书是与《会计基础与实务》配套的会计实践教学用书，是根据教育部《高职高专教育基础课课程教学基本要求》和《高职高专教育专业人才培养目标及规格》编写的。本书内容安排上，根据会计的实际工作的需要，设计了十四个会计单项实训和一个综合实训，包括原始凭证的填制与审核、记账凭证的填制实务、科目汇总表的编制、账簿的登记、银行存款余额调节表的编制、会计报表的编制、记账凭证填制综合练习及综合项目实训。单项实训以基础会计的基本理论、基本操作技能为实训内容，突出了对学生基本会计操作技术和能力的培养；综合项目实训则有利于学生将分模块实训所掌握的技能融会贯通，进一步全面提高其动手能力。既与基础会计理论教学过程相结合，又以逼真的会计核算资料加强会计业务实训，是本书的最大特色。

　　本书既适用于高职、高专院校财务会计及其他专业基础会计课程的实训教学，同时也是从事会计、财务管理工作者理想的自学读物，并能作为在职会计人员规范会计操作的指导用书。本书亦可作为其他版本教材的配套用书。书中出现的人名、地名、单位名称和各种印鉴、票据等，都是作者根据稿件内容的实际情况精心设计的，与任何人或单位无关。

　　本书由德州职业技术学院刘榕生、司云柱任主编，王岩、侯燕、王芳芳任副主编。本书在编写过程中查阅了大量的资料，倾注了编者的智慧与结晶。尽管在教材特色建设方面，我们做出了许多努力，但不足之处仍在所难免，恳请广大教师和读者在教材使用过程中将意见和建议及时反馈给我们，以便修订时完善。

编　者

2015 年 10 月

目 录

前言

实训一　书写会计数字…………………… 1
实训二　填制与审核原始凭证…………… 7
实训三　筹资与供应业务记账凭证填制…… 27
实训四　生产过程业务记账凭证填制…… 51
实训五　销售及利润形成记账凭证填制…… 65
实训六　综合记账凭证填制……………… 81
实训七　编制科目汇总表………………… 111
实训八　登记日记账……………………… 121

实训九　登记明细分类账………………… 161
实训十　登记总分类账…………………… 191
实训十一　编制银行存款余额调节表…… 195
实训十二　财产清查账务处理…………… 199
实训十三　编制资产负债表……………… 201
实训十四　编制利润表…………………… 207
基础会计项目综合实训…………………… 211
参考文献…………………………………… 280

实训一　书写会计数字

一、实训目的

依据财政部制定的会计基础工作规范的要求，正确书写会计数字。在填制会计凭证及有关账簿报表等时，字迹必须清晰、标准、工整和流畅。通过实训使学生掌握书写原则及书写的方法。

二、实训要求

1．学习了解财政部制定的会计基础规范要求，掌握书写会计数字。
2．认真书写会计数字，做到书写规范、清晰流畅。

三、实训资料

（一）准备阶段
1．准备数字练习专用纸，模仿书写阿拉伯数字和汉字大写数字。
2．根据所给资料，完成数码字大小写的书写任务。
（二）书写要求
阿拉伯数字的书写要求：
1．阿拉伯数字应当一个一个地写，不得连笔书写。在连写几个零时，要一个一个地写，不能将几个零连在一起一笔写完。阿拉伯数字金额前应书写币种符，如人民币符号"￥"或货币简写和币种符。字体要工整并各自成形，大小均衡且排列整齐，标准清晰。
2．有圆的数字，比如6、8、9、0等，圆圈都必须封口。"6"字要比一般数字向右上方长出1/4，"7"和"9"字要向左下方（过底线）长出1/4。字体书写要自右上方向左下方倾斜，倾斜度大约为60度。
3．同行的相邻数字之间要空出半个阿拉伯数字的位置。每个数字要紧靠凭证表格行及账表行格的底线书写，不能离开底线悬空着。数字高度应为表格高度的1/2至2/3。不得写满格，要留有改错的空间。
汉字大写数字的书写要求：
1．要以正楷或行书字体书写，不得连笔书写。不允许使用未经国务院公布的简化字或谐音字书写，书写要做到标准规范。
2．大写数字一律用"壹、贰、叁、肆、伍、陆、柒、捌、玖、拾、佰、仟、万、亿、元、角、分、零、整（正）"等。不得用0、一、二、三、四、五、六、七、八、九、十、另、毛等简化字代替。不得任意增减笔画，自造简化字和用草书书写。大写金额数字到元或角为止，应在"元"或"角"之后写"整"或"正"；大写金额数字有分的，分后不写"整"。

3．字体要各自成形，大小匀称，做到排列整齐、字迹清晰、工整标准和书写有力。

四、正确书写会计数字

1．阿拉伯数字的书写：

1234567890

2．汉字大写数字的书写：

零、壹、贰、叁、肆、伍、陆、柒、捌、玖、拾、佰、仟、万、亿、元、角、分、整（正）

3．将下面的小写金额用大写金额表示：

（1）￥56007.50　人民币_____
（2）￥94630.50　人民币_____
（3）￥659000.00　人民币_____
（4）￥50004.37　人民币_____
（5）￥70020.74　人民币_____

（6）￥54070.34 人民币_____
（7）￥300290.10 人民币_____
（8）￥305000.17 人民币_____

4. 将下面的大写金额用小写金额表示：
　　（1）人民币叁佰肆拾捌元陆角壹分　　　　￥_____
　　（2）人民币玖万叁仟叁佰柒拾元零玖分　　￥_____
　　（3）人民币伍仟壹佰陆拾叁万柒仟壹佰元整　￥_____
　　（4）人民币捌万零贰角整　　　　　　　　￥_____
　　（5）人民币叁拾叁万陆仟伍佰贰拾元整　　￥_____
　　（6）人民币叁万陆仟伍佰柒拾元整　　　　￥_____
　　（7）人民币柒万壹仟叁佰元整　　　　　　￥_____
　　（8）人民币叁拾叁万肆仟零柒元整　　　　￥_____

实训二 填制与审核原始凭证

一、填制原始凭证

（一）实训目的

原始凭证，是在经济业务发生时填制并取得的，用以证明经济业务的发生或完成情况，是记账的原始依据、具有法律效力的证明文件。通过对原始凭证的填制与审核，使学生亲身感受业务发生的全过程，加深理解原始凭证的基本要素，掌握各种原始凭证填制的方法。

（二）实训要求

1．认真阅读实训资料的要求，判断经济业务的类型。

2．认真检查原始凭证的项目是否齐全、填写是否正确及内容是否合理。

3．完成原始凭证的填写，并完成原始凭证的修改。

（三）实训资料

企业信息如下：

会计主体：山东鑫金有限责任公司（增值税一般纳税人）

开户银行：济南市工商银行天桥路支行

账号：3701012349182；地址：天桥东路 115 号

纳税人登记号：370660436547895；电话：0531-12345678

法人：王志宇；会计主管：刘东东；会计、审核：李平 刘晓琳；出纳：钱强

2014 年 3 月发生的有关交易或事项如下：

1．3 月 1 日，鑫金公司销售科销售员黄新出差，预借差旅费 3000 元，经领导同意，出纳员钱强审核无误后付给现金（填制借款单），见表 2-1。

表 2-1

借 款 单

年　月　日

部　门		借款事由		
借款金额	金额（大写）			￥_____
批准金额	金额（大写）			￥_____
领导		财务主管		借款人

2．3 月 2 日，公司出纳员钱强，将当天的销货款 65600 元现金存入银行（其中面额 100 元的 500 张，面额 50 元的 300 张，面额 10 元的 60 张）（填制银行现金交款单，见表 2-2）。

表2-2

中国工商银行现金交款单

账别：　　　　　　　　　　　年　　月　　日

款项来源		收款单位	全称		此联由银行盖章退回单位
解款部门			账号		

金额	人民币（大写）					拾万仟佰拾元角分	

种类	张数	种类	张数	种类	张数	种类	张数	
一百元		五十元		十元		五元		(银行盖章)　　　　收款　复核

3．3月8日，公司采购部李新向东方公司购进甲材料30吨，每吨单价1000元，增值税税率17%，会计员李平开出转账支票一张，材料已验收入库（填制转账支票和材料入库单），见表2-3和表2-4。

表2-3

中国工商银行 转账支票存根 No.33888995 附加信息 _____ _____ 出票日期　年　月　日 收款人： 金　额： 用　途： 单位主管　　会计	中国工商银行转账支票　　No.33888995 出票日期（大写）　年　月　日　付款行名称： 收款人：＿＿＿＿＿＿＿＿＿＿　出票人账号： 人民币　　　　　　　　　　　百十万千百十元角分 （大写） 用途＿＿＿＿＿＿＿＿＿＿ 上列款项请从 我账户内支付 出票人签章　　　　　　　复核　　记账 本支票付款期限十天

表 2-4

材料入库单

供应单位：　　　　　　　　　　　　　年　月　日

发票号：111078　　　　　　　　　　　　　　　　　　字　第　号

	材料名称	规格材质	计量单位	应收数量	实收数量	单价	金额 千 百 十 万 千 百 十 元 角 分	
								第二联 记账联
				运杂费				
				合计				
备注								

仓库　　　　　会计　　　　收料员　　　　制单：

4. 3月9日，公司财务科会计李平开出现金支票一张，提取现金45000元，备发工资（填制现金支票），见表2-5。

表 2-5

中国工商银行现金支票存根 No.33306451	中国工商银行现金支票　No.33306451
附加信息 _____ _____ 出票日期　年 月 日 收款人： 金　额： 用　途： 单位主管　会计	出票日期（大写）　年　月　日　付款行名称： 收款人：_____　出票人账号： 人民币_____ 百 十 万 千 百 十 元 角 分 （大写） 用途_____ 上列款项请从 我账户内支付 出票人签章　　　　复核　　记账

5. 3月11日，公司财务科会计李平开出转账支票83100元，预付园明园工厂的材料款（填制转账支票），见表2-6。

表2-6

| 中国工商银行
转账支票存根
No.33888991
附加信息
出票日期　年月日
收款人：
金　额：
用　途：
单位主管　　会计 | 中国工商银行转账支票　　　　No. 33888991
出票日期（大写）　　年　月　日　付款行名称：
收款人：　　　　　　　　　　　出票人账号：
人民币　　　　　　　百十万千百十元角分
（大写）
用途_____
上列款项请从
我账户内支付
出票人签章　　　　　复核　　　记账 |

6. 3月14日，公司销售员黄新出差回来报销差旅费2216元，退回多余现金784元，出纳员钱强开出收据一张（填制收款收据），见表2-7和表2-8。

表2-7

收 款 收 据

2014年3月14日

交款单位 或交款人		收款方式		
事由_____ 金额(人民币大写):_____			¥	备注:
收款人：	收款单位（盖章）			

表 2-8

差 旅 费 报 销 单

部门：销售科　　　　　　　2014 年 3 月 14 日

姓名	黄新	出差事由			青岛开会		出差自 2014 年 3 月 3 日					共 6 天		附单据
							至 2014 年 3 月 8 日							
起讫时间及地点					车船票		夜间乘车补助费			出差乘补费		住宿费	其他	
月	日	起	月	日	讫	类别	金额	时间	标准	金额	日数	标准	金额	金额	摘要	金额
3	3	济南	3	3	青岛	火车	58									
3	8	青岛	3	8	济南	火车	58				6	100	600	900		600
小计							116						600	900		600

合计金额（大写）：贰仟贰佰壹拾陆元整

备注：预借 3000.00　　核销 2216.00　　退补 784.00

单位领导：　　　财务主管：　　　审核：　　　填报人：黄新

附单据共叁张

7. 3 月 18 日，公司财务科李平开出转账支票 54930 元，归还苏大贸易公司前欠购货款（填制转账支票），见表 2-9。

表 2-9

中国工商银行 转账支票存根 No.33889990 附加信息 _____ _____ 出票日期 年 月 日 收款人： 金　额： 用　途： 单位主管　　会计	中国工商银行转账支票　　No. 33889990 出票日期（大写）　年　月　日　付款行名称： 收款人：_____　出票人账号： 人民币　　　　　　　　　　　百十万千百十元角分 （大写） 用途：_____ 上列款项请从 我账户内支付 出票人签章　　　　　　　复核　　记账

8．3月25日，公司销售员黄新销售给新时期公司A产品20套，每套20元（含增值税），销售B产品30套，每套30元（含增值税），现金收讫，开出零售发票（填制零售发票），见表2-10。

表2-10

山东省商品销售统一发票

发 票 联

品名	规格	单位	数量	单价	金额（万 千 百 十 元 角 分）	备注
	合计					

客户名称及地址　　　　　　　年　月　日填制

合计金额（大写）　　万 仟 佰 拾 元 角 分

填票人　　　收款人：　　　单位名称（盖章）

第二联 发票联

9．3月26日，公司销售员黄新销售给新未来公司F产品60套，每套850元；G产品50套，每套1000元（不含增值税），开出增值税专用发票，对方以转账支票支付，货款送存银行（填制增值税专用发票及银行进账单），见表2-11和表2-12。

表2-11

山东增值税专用发票

抵 扣 联

开票日期：　年　月　日

购货单位	名　　称：新未来公司 纳税人识别号：3708666548793251 地址、电话：济南市新运大街231号2011456 开户行及账号：工商银行济南市分行770186588	密码区	6+-〈2〉6〉927+296+/　加密版本：01 446〈600375〈35〉〈4/　37009931410 2-2〈2051+24+2618〈7　0445 /3-15〉〉09/5/-1〉〉〉+2

货物或应税劳务名称	规格型号	单位	数量	单价	金额	税率	税额
合　计							

价税合计（大写）　　　○　　　　　　　　（小写）

销货单位	名　　称： 纳税人识别号： 地址、电话： 开户行及账号：	备注	

收款人：　　　复核：　　　开票人：　　　销货单位：（章）

第一联：抵扣联 购货方抵扣凭证

注：增值税专用发票一式三联，第一联抵扣联，第二联发票联，第三联记账联。

表2-12

中国工商银行进账单（收账通知）

年　月　日　　　　　　第　号

付款人	全称		收款人	全称		此交联给是收款人收开账户行通知
	账号			账号		
	开户银行			开户银行		

人民币(大写)		千	百	十	万	千	百	十	元	角	分

票据种类	
票据张数	

单位主管　会计　复核　记账

收款人开户行盖章

10．3月28日，鑫金公司从青华公司购进YB原材料。青华公司开户行：新源区农行；账号：3376451202904152；价税共654466元。根据协议签发一张银行承兑汇票（填制银行承兑汇票），期限为3个月，见表2-13。

表2-13

银行承兑汇票

签发日期　年　月　日

承兑申请人	全 称			收款人	全 称		
	账 号				账 号		
	开户银行		行号		开户银行		行号

汇票人民币金额(大写)		仟	佰	拾	万	仟	佰	拾	元	角	分

汇票到期日　年　月　日	承兑协议编号	

备注：

二、审核原始凭证

（一）实训目的

审查原始凭证所反映的交易或事项是否合理合法，审查原始凭证的内容是否完整、各项目填列是否齐全、数字计算是否正确以及大小写金额是否相符等。通过本实训的学习，使学生对原始凭证有更加深入的了解，掌握对原始凭证的填制与审核。

（二）实训要求

1．指出存在的问题。每一笔交易或事项所取得或填写的原始凭证中，至少有一处或多处错误或不完整。

2．认真审核后指出其中存在的问题，并提出修改处理意见和方法，进行修改完善。

（三）实训资料

1．2014年4月1日，鑫金公司会计李平签发现金支票一张，从银行提取现金78500元，备发工资，见表2-14。

表2-14

中国工商银行 转账支票存根 No.33889990	中国工商银行转账支票 No.33889990
附加信息 _____ _____ _____ 出票日期 2014年4月1日 收款人： 金 额：￥786566 用 途：发工资 单位主管　　会计	出票日期（大写）贰零壹肆年 肆月 壹拾日　付款行名称： 收款人：　　　　　　　　　　　　　出票人账号： 人民币 柒万捌仟伍佰元整 （大写） 百十万千百十元角分 ￥ 7 8 5 0 0 0 0 用途　发工资 上列款项请从 我账户内支付 出票人签章　　　　　　　复核　　记账

2．2014年4月3日，公司采购员李亮，出差到石家庄采购原材料，预借款2000元。填写借款单并经主管领导批准，见表2-15。

表2-15
借 款 单
2014 年 4 月 3 日

部　　门	供应科	借款事由：开会
借款金额(人民币大写)贰仟元整	￥:2000.00	
批准金额(人民币大写)贰仟元整	￥:2000.00	
领导	财务主管	借款人

3. 2014 年 4 月 8 日,鑫金公司办公室职员李明购入稿纸、签字笔等办公用品,见表 2-16。

表 2-16
山东省商品销售统一发票

客户名称及地址　　　　　　　　　　　　　　　　2014 年 4 月 8 日 填制

品名规格	单位	数量	单价	金　额 万 千 百 十 元 角 分	
稿纸	本	30	2.00	6 0 0 0	第二联发票
签字笔	支	30	3.00	6 5 6 0	
笔记本	本	20	5.00	1 0 0 0 0	
合　计				￥ 2 2 5 6 0	

合计金额(大写)贰佰贰拾伍元陆角零分

填票人:刘静　　　收款人:王丽鹃　　　单位名称(盖章)

4. 2014 年 4 月 9 日,公司 A 产品车间李雅主任,领取生产用甲材料 4000 千克,计划单价 10 元;乙材料 3000 千克,计划单价 5 元,见表 2-17。

表 2-17
山东省鑫金公司领料单

领料部门:　　　　　　　　　　　　　　　　　　2014 年 4 月 9 日

材　料 规格及名称	单位	数　量 请领	实发	计划单价	金　额	过　账
甲材料	千克	4000	4000	10.00	4000.00	
乙材料	千克	3000	3000	5.00	15000.00	
工作单号	1220	用途				
工作项目						

仓库负责人:　　　　记账:　　　　发料:　　　　领料:

5. 2014 年 4 月 14 日,公司销售部王明销售给东方明珠有限公司 A 产品 500 件,单价 200 元;B 产品 500 件,单价 100 元,并开出增值税专用发票一份,同时收到东方明珠签发的转账支票一张,尚未送存银行,见表 2-18 和表 2-19。

表 2-18

济南增值税专用发票

记账联　　　　开票日期　2014 年 4 月 14 日

购货单位	名称：东方明珠有限公司
	纳税人识别号：3708662346633898
	地址、电话：济南市民主路 16 号 05316230355
	开户行及账号：工商银行民主路支行 654654322

密码区：6+-〈2〉6〉927+296+/ *加密版本 01
446〈600375〈35〉〈4/ *　37009931410
2-2〈2051+24+2618〈7　　07050445
/3-15〉〉09/5/-1〉〉〉+2

第三联　记账联　销货方记账凭证

货物或应税劳务名称	规格型号	单位	数量	单价	金额	税率	税额
A 产品		件	500	200.00	100000.00	17%	17000.00
B 产品		件	100	500.00	50000.00		8500.00
合　计					¥150000.00		25500.00

价税合计（大写）　⊗拾柒万伍仟伍佰元　　　　　　（小写）¥175500.00

销货单位	名称：
	纳税人识别号：
	地址、电话：
	开户行及账号：

备注：

收款人　　　　复核　　　　开票人　张强　　　　销货单位：（章）

表 2-19

中国工商银行转账支票

No. 33889890

出票日期（大写）贰零壹肆 年肆 月壹拾肆 日　　　付款行名称：

收款人：　　　　　　　　　　　　　　　　　　　出票人账号：

人民币　　拾柒万伍仟伍佰元
（大写）

百	十	万	千	百	十	元	角	分
¥	1	7	5	5	0	0	0	0

本支票付款期限十天

用途 购货款
上列款项请从
我账户内支付
出票人签章　　　　　　　复核　　　记账

实训三　筹资与供应业务记账凭证填制

一、实训目的

记账凭证是根据原始凭证编制的，是登记账簿的依据，是记录经济业务借贷方向和金额的书面证明。通过对资金筹集与供应的核算学习，使学生能进一步理解记账凭证的深刻含义，理解企业资金的筹集及生产供应的业务核算，增强学习的积极性。

二、实训要求

1. 根据资料填制记账凭证。
2. 审核记账凭证。从记账凭证是否附有原始凭证、所附原始凭证的内容是否与记账凭证的内容相符、记账凭证所反映的应借应贷关系是否正确、借贷金额是否相等、记账凭证规定项目是否填列齐全、有关人员是否签章等几个方面对记账凭证进行审核。
3. 本实训需领用空白记账凭证若干。

三、实训资料

企业信息如下：
企业名称：瑞金工厂（增值税一般纳税人）
地址：湖州市解放路16号；电话：5230355
开户行：工商银行解放路支行；账号：8040-4129
纳税人登记号：370866786633898
会计主管：孙林；会计、审核：陈丽　路平；出纳：李强

四、企业案例

瑞金工厂2014年11月份发生下列交易或事项：
1. 11月1日，出纳员填写现金支票一张，从银行提取现金3000元，支票存根见表3-1。

表 3-1

```
         中国工商银行(鲁)
           现金支票存根
           NO. 01621921
     附加信息_____
     _____
     _____
     出票日期 2014 年 11 月 1 日
     ┌─────────────────────┐
     │ 收款人：瑞金工厂      │
     ├─────────────────────┤
     │ 金  额：￥3000.00     │
     ├─────────────────────┤
     │ 用  途：备用          │
     └─────────────────────┘
     单位主管      会计：陈丽
```

2. 11 月 3 日，采购员高山填写借款单，并经有关人员签字同意，预借差旅费 3600 元，以现金支付。借款单见表 3-2。

表 3-2

借 款 单

2014 年 11 月 3 日

部　门	供应科	借款事由	采购材料
借款金额	金额（大写）叁仟陆佰元整		￥3600.00
批准金额	金额（大写）叁仟陆佰元整		￥3600.00
领导	周强	财务主管　孙林	借款人　高山

3. 11 月 3 日，办公室用现金购买办公用品 247 元，交来发票一张，见表 3-3。

表 3-3

山东省商品销售统一发票

客户名称及地址：瑞金工厂　　　　2014 年 11 月 3 日 填制

品名规格	单位	数量	单价	万	千	百	十	元	角	分
笔记本	本	20	10.00			2	0	0	0	0
墨水	瓶	10	4.70				4	7	0	0
合计				￥		2	4	7	0	0

合计金额（大写）贰佰肆拾柒元零角零分

填票人：刘月　　　　收款人：王丽　　　　单位名称（盖章）

第二联发票

4. 11月6日，向环宇钢铁公司购进甲材料300千克，每千克200元，增值税进项税额10200元，开出转账支票付款，材料验收入库。有关原始凭证见表3-4至表3-6。

表3-4

中国工商银行（鲁）
转账支票存根
NO.01621922

附加信息 _____

出票日期 2014 年 11 月 6 日

收款人：环宇钢铁公司
金　额：¥70200.00
用　途：购料

单位主管　　会计：路平

表3-5

材料入库单

供应单位：环宇钢铁公司　　　2014 年 11 月 6 日

发票号：　　　　　　　　　　　　　　　　字第　号

材料类别	材料名称	规格材质	计量单位	应收数量	实收数量	单价	金额（十 万 千 百 十 元 角 分）
	甲材料		千克	300	300	200	6 0 0 0 0 0 0
检验结果　检验员签章：				运杂费			
				合　计			¥ 6 0 0 0 0 0 0
备注							

仓库　　　　材料会计　　　　收料员 周涛　　　　制单：

三联　会计

表 3-6

山东增值税专用发票

发票联　　　　开票日期：　2014 年 11 月 6 日

购货单位	名　　　称：瑞金工厂 纳税人识别号：370866786633898 地址、电话：湖州市解放路 16 号 5230355 开户行及账号：工商银行解放路支行 8040-4129	密码区	6+-〈2〉6〉927+296+/ ＊ 加密版本：01 446〈600375〈35〉〈4/ ＊ 37009931410 2-2〈2051+24+2618〈7　07050445 /3-15〉〉09/5/-1〉〉〉+2

货物或应税劳务名称	规格型号	单位	数量	单价	金　额	税率	税　额
甲材料		千克	300	200	60000.00	17%	10200.00
合　　　　计					￥60000.00		￥10200.00

价税合计（大写）	⊗柒万零仟贰佰元整	（小写）￥70200.00

销货单位	名　　　称：环宇钢铁公司 纳税人识别号：370863786263889 地址、电话：湖州市解放路 108 号 5660368 开户行及账号：中国农业银行环翠区支行 56010112364	备注	

收款人　　　　复核　　　　开票人　林强　　　　销货单位：（章）

第二联：发票联　购货方记账凭证

5. 11 月 6 日，张丽报销差旅费 820 元，上月借款 1000 元，退回现金 180 元，出纳员开具收据一张，见表 3-7 和表 3-8。

表 3-7

统一收款收据（三联单）

第三联：记账依据　　　2014 年 11 月 6 日　　　NO.6703520

交款单位 或交款人	张　丽	收款方式	现金	备注： 核销 820 元 现金 180 元
事　由　报销差旅费、交回余款				
人民币（大写）壹佰捌拾元整　　　￥180.00				

说明：收据不得使用行政事业性收费

收款单位（盖章）：　　　　　　收款人（签章）　李强

表 3-8

差旅费报销单

2014 年 11 月 6 日

姓 名	张丽		出差事由	洽谈业务		出差日期		自 2014 年 11 月 26 日至 2014 年 12 月 5 日共 10 天					
起讫时间及地点					车船票		夜间乘车补助费			出差乘补费		住宿费	其他	
月	日	起	月	日	讫	类别	金额	时间	标准	金额	日数	标准	金额	金额	摘要	金额
11	26	湖州	11	26	北京		140.00									
11	26		12	4	北京						9	60.00	540.00			
12	4	北京	12	5	湖州		140.00									
		小计					280.00				9	60.00	540.00			
总计金额（大写）零仟捌佰贰拾元零角零分																
预支 1000.00 核销 820.00 退补 180.00																

主管：   部门：供应科   审核：

附单据共 3 张

6. 11 月 6 日，购买车床一台，买价 30000 元，运杂费 760 元，开出支票支付货款及运杂费，有关单据见表 3-9 至表 3-12。

表 3-9

山东省公路货运专用发票（乙）
发票联

发货单位：宏达机械厂   地址：湖州市建设路   电话：5636589   2014 年 11 月 6 日

卸货地点	解放路 182 号		收货单位	瑞金工厂			地址	解放路	电话	5639866	
货物名称	包装	件数	实际重量	计费运输量		货物等级	计费里程	运费率	运费金额	其他费用		运杂费小计
				吨	吨公里					费目	金额	
车床									680.00	装卸费	80	760.00
运杂费合计	（人民币大写）柒佰陆拾元零角零分 ￥760.00											
备注												

第二联 发票联

填票人：   收款 于铭   单位名称（盖章）

表 3-10

山东省湖州市工业统一发票

发 票 联

客户名称及地址：瑞金工厂　　2014 年 11 月 6 日填制

品名及项目	规格	单位	数量	单价	金　额								备注
					十	万	千	百	十	元	角	分	
车　床		台	1	30000		3	0	0	0	0	0	0	
合　计					¥	3	0	0	0	0	0	0	

人民币（大写）叁万零仟零佰零拾零元零角零分　　　　¥30000.00

填票人：　　　　　　收款人：　张辉　　　　单位名称（盖章）：

第二联发票联

表 3-11

中国工商银行（鲁）
转账支票存根
NO. 01621923

附加信息 _____
_____
_____

出票日期 2014 年 11 月 6 日

| 收款人：通达运输公司 |
| 金　额：¥760.00 |
| 用　途：付运杂费 |

单位主管　　会计：路平

表 3-12

中国工商银行（鲁）
转账支票存根
NO. 01621924

附加信息 _____
_____
_____

出票日期 2014 年 11 月 6 日

| 收款人：宏达机械厂 |
| 金　额：¥30000.00 |
| 用　途：付设备款 |

单位主管　　会计：路平

7. 11月8日，从南海钢铁厂购入乙材料，款项已汇出，材料尚未到达，原始单据见表3-13和表3-14。

表3-13

中国工商银行 信汇凭证 （回单）1

委托日期 2014 年 11 月 8 日

汇款人	全 称	瑞金工厂	收款人	全 称	南海钢铁厂	此联是汇出行给汇款人的回单
	账 号	8040-4129		账 号	560101180012364	
	汇出地点	山东省湖州 市/县		汇入地点	山东省青岛市/县	
	汇出行名称	工商银行解放路支行		汇入行名称	农业银行福州路支行	
金额	人民币（大写）	捌万壹仟玖佰元整	亿 千 百 十 万 千 百 十 元 角 分 ¥ 8 1 9 0 0 0 0			
			支付密码			
	汇出行签章		附加信息及用途： 购买材料			

表3-14

山东增值税专用发票

发票联　　　　　开票日期：　2014 年 11 月 8 日

购货单位	名　　称：瑞金工厂 纳税人识别号：370866786633898 地址、电话：湖州市解放路 16 号 5230355 开户行及账号：工商银行解放路支行 8040-4129	密码区	6+-〈2〉6〉927+296+/ *加密版本01 446〈600375〈35〉〈4/* 37009931410 2-2〈2051+24+2618〈7 07050445 /3-15〉〉09/5/-1〉〉〉+2	第二联：发票联 购货方记账凭证
货物或应税劳务名称	规格型号	单位	数量	单价	金　　额	税率	税额
乙材料		千克	1400	50	70000.00	17%	11900.00
合　　计					¥70000.00		¥11900.00
价税合计（大写）	⊗捌万壹仟玖佰元整				（小写）¥81900.00		
销货单位	名　　称：南海钢铁厂 纳税人识别号：370863786263889 地址、电话：青岛市解放路 108 号 85660368 开户行及账号：中国农业银行福州路支行 560101180012364						备注

收款人　　　　　复核　　　　　开票人 张强　　　　　销货单位：（章）

8．11月10日，从南海钢铁厂购入乙材料运到，如数验收入库，入库单见表3-15。

表3-15
材 料 入 库 单

供应单位：南海钢铁厂　　　　　2014年11月10日　　　　　发票号：

材料类别	材料名称	规格材质	计量单位	数量	实收数量	单位成本	金　额									第三联
							十万	万	千	百	十	元	角	分	
	乙材料		吨	1400	1400	50	7	0	0	0	0	0	0	0	会计
检验结果　　　检验员签章：			运杂费											
^			合计		¥	7	0	0	0	0	0	0	0	
备注																

仓库　　　　　　　　　　　　　　材料会计　　　　　　　　　收料员　周涛

9．11月11日，收到天和公司投入企业资金80000元的转账支票，已填写进账单连同支票一并送存银行，并已收到进账单（收账通知）。有关单据见表3-16和表3-17。

表3-16
中国工商银行 进账单（收账通知）3

2014年11月11日

出票人	全　称	天和公司	收款人	全　称	瑞金工厂	此款项是收款人通知开户银行交给收款人的收账通知
	账　号	3688852		账　号	8040-4129	
	开户银行	工行南大街支行		开户银行	工商银行解放路支行	
金额	人民币（大写）	捌万元整		亿 千 百 十 万 千 百 十 元 角 分 ¥ 8 0 0 0 0 0 0	
票据种类	转账支票	票据张数	1			
票据号码							
复核　　　记账				收款人开户银行签章		

表 3-17

统一收款收据（三联单）

第三联：记账依据　　　　　2014 年 11 月 11 日　　　　　NO. 6703520

交款单位或交款人	天和公司	收款方式	转账支票
事　由　投资		备注：投资期 10 年	
人民币（大写）捌万元整	￥80000.00		

说明：收据不得使用作行政事业性收费

收款单位（盖章）：（章）　　　　　收款人（签章）　李强

10. 11 月 15 日，向中国工商银行借入期限为 6 个月的借款 150000 元，有关单据见表 3-18。

表 3-18

中国工商银行借款凭证（代回单）

2014 年 11 月 15 日

借款单位名称	瑞金工厂	放款账号：7-12	往来账号：728-12992	
借款金额	人民币（大写）壹拾伍万元整		￥150000.00	
种类	生产周转借款	单位提出期限	自 2014 年 11 月 15 日至 2014 年 5 月 15 日止	利率 8%
		银行核定期限	自 2014 年 11 月 15 日至 2014 年 5 月 15 日止	
上列借款已收入你单位往来户内单位（银行签章）		单位会计分类		

第四联交借款单位

11. 11 月 18 日，签发转账支票，偿还前欠兴达公司货款 10000 元，并收到兴达公司开具的收款收据。支票存根和收款收据见表 3-19 和表 3-20。

表 3-19

```
中国工商银行（鲁）
转账支票存根
NO. 01621925
附加信息　_____
_____
_____
出票日期 2014 年 11 月 18 日
    收款人：兴达公司
    金　额：￥10000.00
    用　途：偿还货款
单位主管　　会计：路平
```

表 3-20
统一收款收据（三联单）

第二联：收据　　　　2014 年 11 月 18 日　　　　NO. 8803529

交款单位或交款人	瑞金工厂	收款方式	转账支票
事　由　收回所欠货款		备注：	
人民币（大写）壹万元整　　¥10000.00			

收款单位（盖章）：　（章）　　　　收款人（签章）：

说明：收据不得使用行政事业性收费

12. 11 月 20 日，通过银行向光明公司信汇预付货款 50000 元。信汇凭证见表 3-21。

表 3-21
中国工商银行　信汇凭证　（回单）1

委托日期 2014 年 11 月 20 日

汇款人	全　称	瑞金工厂	收款人	全　称	光明公司
	账　号	8040-4129		账　号	36303102538986
	汇出地点	省 湖州 市/县		汇入地点	省 丹东 市/县
汇出行名称	工商银行解放路支行		汇入行名称	农行丹东市分行	
金额	人民币（大写）	伍万元整	亿 千 百 十 万 千 百 十 元 角 分 　　　　　¥ 5 0 0 0 0 0 0		
			支付密码		
汇出行签章			附加信息及用途： 预付货款		

此联是汇出行给汇款人的回单

13. 11 月 26 日，向鸿茂钢铁公司购进甲材料 175 千克，每千克 199 元；购进乙材料 1500 千克，每千克 49.5 元，计价款 109075 元，增值税 18542.75 元，开出商业汇票，另以现金支付材料运费 925 元，次日材料运抵验收入库。有关原始凭证见表 3-22 至表 3-25。

表 3-22
材料入库单

供应单位：鸿茂钢铁公司　　　　　2014 年 11 月 27 日　　　　　发票号：

材料名称	规格材质	计量单位	数量	实收数量	单价	运费	单位成本	金额 百	十	万	千	百	十	元	角	分
甲		千克	175	175	199	175	200			3	5	0	0	0	0	0
乙		千克	1500	1500	49.5	750	50			7	5	0	0	0	0	0
合计								¥	1	1	0	0	0	0	0	0
备注																

仓库　　　　　　　　材料会计　　　　　　　　收料员　周涛

（三联　会计）

表 3-23
山东增值税专用发票

发票联　　　开票日期：2014 年 11 月 26 日

购货单位	名　　称：瑞金工厂 纳税人识别号：370866786633898 地址、电话：湖州市解放路 16 号 5230355 开户行及账号：工商银行解放路支行 8040-4129	密码区	6+-〈2〉6〉927+296+/＊　加密版本：01 446〈600375〈35〉〈4/＊ 37009931410 2-2〈2051+24+2618〈7　07050445 /3-15〉〉09/5/-1〉〉〉+2
货物或应税劳务名称	规格型号　单位　数量　单价　金额　税率　税额		
甲材料 乙材料 合　　计	千克　175　　199　　34825.00　17%　　5920.25 　　　千克　1500　49.5　　74250.00　17%　12622.50 　　　　　　　　　　　　¥109075.00　　　¥18542.75		
价税合计（大写）	⊗壹拾贰万柒仟陆佰壹拾柒元柒角伍分　　　（小写）¥127617.75		
销货单位	名　　称：鸿茂钢铁公司 纳税人识别号：370863786265559 地址、电话：淄博市和平路 36 号 7880368 开户行及账号：中国银行香港路办事处 36023580012364	备注	

收款人　　　　　复核　　　　　开票人　林芳　　　　销货单位：（章）

（第二联：发票联　购货方记账凭证）

表 3-24

山东省公路货运专用发票（乙）

发票联

发货单位：鸿茂钢铁公司　　地址：淄博市和平路 36 号　　电话 7880368　　2014 年 11 月 26 日

卸货地点	解放路 182 号			收货单位	瑞金工厂			地址			电话	
货物名称	包装	件数	实际重量	计费运输量 吨	吨公里	货物等级	计费里程	运费率	运费金额	其他费用 费目	金额	运杂费小计	
甲材料			175									175.00	
乙材料			1500									750.00	
运杂费合计	（人民币大写）零万零仟玖佰贰拾伍元零角零分　　￥925.00												
备注													

填票人　　　　　　　收款人　张劲　　　　　　单位名称（盖章）

第二联 发票联

表 3-25

银行承兑汇票（存根）3

出票日期（大写）　贰零壹肆 年 壹拾壹 月 贰拾陆 日

出票人全称	瑞金工厂	收款人	全　称	鸿茂钢铁公司							
出票人账号	8040-4129		账　号	36023580012364							
付款行全称	工商银行解放路支行		开户银行	中国银行香港路办事处							
出票金额（人民币大写）壹拾贰万柒仟陆佰壹拾柒元柒角柒分				千	百	十	万	千	百	十	元	角	分
					￥	1	2	7	6	1	7	7
汇票到期日（大写）	贰零壹伍年壹月贰拾陆 日	付款行	行号	4568							
承兑协议编号			地址	福州路 128 号							
		备注：									

此联由出票人存查

实训四 生产过程业务记账凭证填制

一、实训目的

生产过程，是企业创造价值的过程。通过对生产过程业务核算的学习，使学生能进一步理解企业生产的整个过程，增强学习的积极性。

二、实训要求

1. 根据资料填制记账凭证。
2. 审核记账凭证。从记账凭证是否附有原始凭证、所附原始凭证的内容是否与记账凭证的内容相符、记账凭证所反映的应借应贷关系是否正确、借贷金额是否相等、记账凭证规定项目是否填列齐全、有关人员是否签章等几个方面对记账凭证进行审核。

三、实训资料

1. 11月1日，仓库发出材料供有关部门使用，领料单见表4-1至表4-4。

表4-1

瑞金工厂领料单

领料部门：生产车间　　　　　　　2014年11月1日

材料名称	规格	单位	数量 请领	数量 实发	单位成本	金额	过账
甲材料		千克	200	200	200	40000.00	
乙材料		千克	620	620	50	31000.00	
工作单号		用途	生产A产品				
工作项目							

会计：　　　　　　记账：　　　　发料：王鹏　　　　领料：腾飞

表 4-2

瑞金工厂领料单

领料部门：生产车间　　　　2014 年 11 月 1 日

材料名称	规格	单位	数量 请领	数量 实发	单位成本	金额	过账
甲材料		千克	150	150	200	30000.00	
乙材料		千克	198	198	50	9900.00	
工作单号		用途	生产 B 产品				
工作项目							

会计：　　　　　记账：　　　　发料：王鹏　　　　领料：腾飞

表 4-3

瑞金工厂领料单

领料部门：生产车间　　　　2014 年 11 月 1 日

材料名称	规格	单位	数量 请领	数量 实发	单位成本	金额	过账
乙材料		千克	160	160	50	8000.00	
工作单号		用途	车间一般耗用				
工作项目							

会计：　　　　　记账：　　　　发料：王鹏　　　　领料：腾飞

表 4-4

瑞金工厂领料单

领料部门：计划科　　　　2014 年 11 月 1 日

材料名称	规格	单位	数量 请领	数量 实发	单位成本	金额	过账
甲材料		千克	25	25	200	5000.00	
工作单号		用途	行政管理使用				
工作项目							

会计：　　　　　记账：　　　　发料：王鹏　　　　领料：张丽华

2. 11月9日，出纳员填制现金支票提取现金，准备发放工资，支票存根见表4-5。

表4-5

```
中国工商银行（鲁）
   现金支票存根
   NO. 01621955
附加信息

出票日期 2014 年 11 月 9 日
收款人：瑞金工厂
金　　额：￥430000.00
用　　途：备发工资
单位主管　　会计：陈丽
```

3. 11月9日，以现金430000元，发放本月职工工资，工资结算汇总表见表4-6。

表4-6

工资结算汇总表

部　　门	计时工资	计件工资	工资性津贴	奖金	应扣工资 事假	应扣工资 病假	应付工资
生产A产品		150000	30000	21000	600	400	200000.00
生产B产品		100000	20000	20000			140000.00
车间管理人员	35000						35000.00
行政管理人员	55000						55000.00
合计	90000	250000	50000	41000	600	400	430000.00

4. 11月16日，办公室购买办公用品870元，开出支票付款，有关单据见表4-7和表4-8。

表4-7

山东省商品销售统一发票

购货单位：瑞金工厂　　　　2014年11月16日填制

品名规格	单位	数量	单价	万	千	百	十	元	角	分	备注
计算器	台	10	75			7	5	0	0	0	第二联发票联
笔记本	本	20	6			1	2	0	0	0	
合　计					￥	8	7	0	0	0	

合计金额（大写）捌佰柒拾元整

开票：刘名　　　　收款：王丽　　　　单位名称(盖章)

表 4-8

中国工商银行（鲁）
转账支票存根
NO. 01621988

附加信息 _____

出票日期 2014 年 11 月 16 日

| 收款人：利群商厦 |
| 金　　额：￥870.00 |
| 用　　途：办公用品 |

单位主管　　　会计：陈丽

5. 11 月 18 日，开出转账支票支付车间设备修理费 1170 元，有关单据见表 4-9 和表 4-10。

表 4-9

山东增值税专用发票

发票联　　　　　　　　　　　　开票日期：2014 年 11 月 18 日

购货单位	名　　称：瑞金工厂	密码区	6+-〈2〉6) 869+296+/*　加密版本：01 446〈600375〈35〉〈4/* 37009931410 2-2〈2051+24+2618〈7　07050445 /3-15〉〉09/5/-1〉〉〉+2
	纳税人识别号：370866786633898		
	地　址、电话：湖州市解放路 16 号 5230355		
	开户行及账号：工商银行解放路支行 8040-4129		

货物或应税劳务名称	规格型号	单位	数量	单价	金　额	税率	税额
修理流水线					1000.00	17%	170.00
合　　　　计					￥1000.00		￥170.00

| 价税合计（大写） | ⊗壹仟壹佰柒拾元整 | （小写）￥1170.00 |

销货单位	名　　称：黄海大修厂	备注	
	纳税人识别号：370856586263889		
	地　址、电话：湖州市幸福路 108 号 5656368		
	开户行及账号：中国银行幸福支行 5601022812364		

第二联：发票联　购货方记账凭证

收款人　　　　　复核　　　　　开票人 吕营　　　　　销货单位：（章）

表 4-10

```
中国工商银行（鲁）
转账支票存根
NO. 01621989
附加信息 _____
            _____
            _____
出票日期 2014 年 11 月 18 日
收款人：黄海大修厂
金  额：￥1170.00
用  途：支付修理费
单位主管      会计：陈丽
```

6. 11 月 31 日，分配结转本月职工工资 430000 元，其中，生产 A 产品工人工资 200000 元，生产 B 产品工人工资 140000 元，车间管理人员工资 35000 元，行政管理部门 55000 元，分配表见表 4-11。

表 4-11

工资费用分配汇总表

2014 年 11 月 31 日

车间、部门		应分配金额
车间生产人员工资	生产 A 产品	200000.00
	生产 B 产品	140000.00
	生产人员工资小计	340000.00
车间管理人员		35000.00
厂部管理人员		55000.00
合　　　　计		430000.00

7. 11 月 31 日，按工资总额的 14% 计提福利费，福利费计提表见表 4-12。

表 4-12

福利费用计提表

2014 年 11 月 31 日

车间、部门		工资总额	比例	福利费
车间生产人员工资	生产 A 产品	200000.00	14%	28000.00
	生产 B 产品	140000.00	14%	19600.00
	生产人员工资小计	340000.00	14%	47600.00
车间管理人员		35000.00	14%	4900.00
厂部管理人员		55000.00	14%	7700.00
合　　　　计		430000.00	14%	60200.00

8. 11月31日，计提本月固定资产折旧费，折旧费用分配表见表4-13。

表4-13
折旧费用分配表
2014年11月31日

车间或部门	折旧额
生产车间	4600.00
厂　　部	5600.00
合　　计	10200.00

9. 11月31日，编制表4-14分配制造费用。

表4-14
制造费用分配表
2014年11月31日

产品名称	实用工时	分配率	分配金额
A产品	4000		
B产品	6000		
合计	10000		

10. 11月31日，本月投产的A产品200件，B产品220件，全部完工，结转其生产成本，有关单据见表4-15至表4-17。

表4-15
产品成本计算单
A产品　　　　2014年11月31日　　　　完工：200件

项　目	直接材料	直接人工	制造费用	合　计
本月发生生产成本				
转完工产品成本				
完工产品单位成本				

表 4-16
产品成本计算单

B 产品　　　　　　　　　　2014 年 11 月 31 日　　　　　　　　完工：220 件

项　目	直接材料	直接人工	制造费用	合　计
本月发生生产成本				
转完工产品成本				
完工产品单位成本				

表 4-17
产成品入库单

2014 年 11 月 31 日

产品名称	计量单位	数　量	单位成本	金　额
A 产品	件			
B 产品	件			
合　计				

实训五　销售及利润形成记账凭证填制

一、实训目的

销售过程，是企业实现利润的过程。通过对销售过程记账凭证的学习，能使学生了解企业销售的全过程，增强学习的积极性。

二、实训要求

1. 根据资料填制记账凭证。
2. 审核记账凭证。从记账凭证是否附有原始凭证、所附原始凭证的内容是否与记账凭证的内容相符、记账凭证所反映的应借应贷关系是否正确、借贷金额是否相等、记账凭证规定项目是否填列齐全、有关人员是否签章等几个方面对记账凭证进行审核。

三、实训资料

1. 11月2日，销售给红星公司B产品200台，产品已发出，并向银行办妥托收款手续。有关单据见表5-1和表5-2。

表 5-1

托收 凭证（受理回单）

委托日期 2014 年 11 月 2 日

业务类型		委托收款（□邮划、□电划）			托收承付（□邮划、□电划）				
付款人	全　称	红星公司			收款人	全　称	瑞金工厂		
	账　号	5600-9696				账　号	8040-4129		
	地　址	省 合肥 市县	开户行	工行		地　址	省 湖州 市县	开户行	工行
金额	人民币（大写）	叁拾伍万壹仟元整			亿 千 百 十 万 千 百 十 元 角 分 ¥　　　　3 5 1 0 0 0 0 0				
款项内容	货　款	托收凭据名　称	托收承付凭证（电划）		附寄单证张数				
商品发运情况					合同名称号码				
备注：			款项收妥日期　年　月　日		收款人开户银行签章 2014 年 11 月 2 日				
复核		记账							

此联作收款人开户银行给收款人的受理回单

表 5-2

山东增值税专用发票

此联不作报销、扣税凭证　　开票日期：2014 年 11 月 2 日

| 购货单位 | 名　　称：红星公司
纳税人识别号：370866786635598
地　址、电话：合肥市乐水路 16 号 5230355
开户行及账号：工商银行乐水路支行 5600-9696 | 密码区 | 6+-〈2〉6〉869+296+/＊　加密版本：01
446〈600375〈35〉〈4/＊ 37055931410
2-2〈2051+24+2618〈7　09050445
/3-15〉〉09/5/-1〉〉〉+2 |

货物或应税劳务名称	规格型号	单位	数量	单价	金　额	税率	税　额
B 产品		台	200	1500	300000.00	17%	51000.00
合　　计					￥300000.00		￥51000.00

价税合计（大写）	⊗叁拾伍万壹仟元整　　　　　　　　　　（小写）￥351000.00

| 销货单位 | 名　　称：瑞金工厂
纳税人识别号：370866786633898
地　址、电话：湖州市解放路 16 号 5230355
开户行及账号：工商银行解放路支行 8040-4129 | 备注 | |

收款人　　　　　　复核　　　　　　开票人 李强　　　　销货单位：（章）

第三联：记账联　销货方记账凭证

2. 11 月 3 日，收到利群公司偿还前欠货款 15000 元的转账支票一张，企业开具收款收据给利群公司，并填制进账单将款项送存银行。收款收据和进账单见表 5-3 和表 5-4。

表 5-3

统一收款收据（三联单）

第三联：记账依据　　　　2014 年 11 月 3 日　　　　NO.68903529

交款单位或交款人	利群公司	收款方式	转账支票	说明：收据不得使用行政事业性收费
			备注：	

事　由　偿还前欠货款

人民币（大写）壹万伍仟元整　　　　￥15000.00

收款单位（盖章）：　　　　　收款人（签章）　李强

表 5-4

中国农业银行 进账单（收账通知）3

2014 年 11 月 3 日

出票人	全 称	利群公司	收款人	全 称	瑞金工厂	此款联是收款人开户银行交给收款人的收账通知
	账 号	36888526		账 号	8040-4129	
	开户银行	工行南大街支行		开户银行	工商银行解放路支行	
金额	人民币（大写）	壹万伍仟元整	亿 千 百 十 万 千 百 十 元 角 分 　　　　　￥ 1 5 0 0 0 0 0			
票据种类	转账支票	票据张数	1			
票据号码						

复核　　记账　　　　　　　　　　收款人开户银行签章

3. 11 月 6 日，开出支票支付销售产品广告费 2580 元，有关单据见表 5-5 和表 5-6。

表 5-5

山东省电视台专用发票

发票联

客户名称：瑞金工厂　　　　2014 年 11 月 6 日

品　名	项　目	十 万 千 百 十 元 角 分	备注
	产品广告费	2 5 8 0 0 0	
合计人民币（大写）：贰仟伍佰捌拾元整　　　￥2580.00			

单位名称（盖章）　　　　　　　　　　收款人　王雨

第二联发票联

表 5-6

中国农业银行（鲁）
转账支票存根
NO. 01821989

附加信息
_____
_____

出票日期 2014 年 11 月 6 日

收款人：市电视台
金　额：￥2580.00
用　途：广告费

单位主管　　会计：陈丽

4. 11月6日销售给百盛集团A产品200台，价税合计468000元，收到款存入银行。有关单据见表5-7和表5-8。

表5-7
山东增值税专用发票

此联不作报销、扣税凭证　　　　开票日期：2014年11月6日

购货单位	名　　称：百盛集团	密码区	6+-〈2〉6）869+296+/ ＊ 加密版本：01
	纳税人识别号：370866786635598		446〈600375〈35〉〈4/ ＊ 37055931410
	地址、电话：青岛市乐水路16号 6230355		2-2〈2051+24+2618〈7　09050445
	开户行及账号：工商银行乐水路支行 5688-9622		/3-15〉〉09/5/-1〉〉〉+2

货物或应税劳务名称	规格型号	单位	数量	单价	金　额	税率	税　额
A产品		台	200	2000	400000.00	17%	68000.00
合　　　　计					￥400000.00		￥68000.00

价税合计（大写）	⊗肆拾陆万捌仟元整	（小写）￥468000.00

销货单位	名　　称：瑞金工厂	备注	
	纳税人识别号：370866786633898		
	地址、电话：湖州市解放路16号 5230355		
	开户行及账号：工商银行解放路支行 8040-4129		

收款人　　　　　复核　　　　　开票人 李强　　　　　销货单位：（章）

第三联：记账联　销货方记账凭证

表5-8
中国农业银行 进账单（收账通知）3
2014年11月6日

出票人	全　称	百盛集团	收款人	全　称	瑞金工厂	此联是收款人开户银行交给收款人的收账通知
	账　号	371565675		账　号	8040-4129	
	开户银行	工商银行乐水路支行		开户银行	工商银行解放路支行	

金额	人民币（大写）	肆拾陆万捌仟元整	亿 千 百 十 万 千 百 十 元 角 分
			￥4 6 8 0 0 0 0 0

票据种类	转账支票	票据张数	1	
票据号码				

　　　　　　　　　复核　　记账　　　　　　　　　收款人开户银行签章

5. 11月8日，收到百盛集团偿还前欠货款的转账支票38000元，企业开具收款收据给交款人，并填制进账单将支票送存银行。有关单据见表5-9和表5-10。

表5-9

统一收款收据（三联单）

第三联：记账依据　　　　　　2014 年 11 月 8 日　　　　　NO.98903569

交款单位或交款人	百盛集团	收款方式	转账支票
事　由　偿还前欠货款		备注：	
人民币（大写）叁万捌仟元整　￥38000.00			

　　　　　　　收款单位（盖章）：　　　　　收款人（签章）　李强

表5-10

中国农业银行 进账单（收账通知）3

2014 年 11 月 8 日

出票人	全称	百盛集团	收款人	全称	瑞金工厂	此款已收入收款人账户
	账号	5688-9622		账号	8040-4129	
	开户银行	工商银行乐水路支行		开户银行	工商银行解放路支行	
金额	人民币（大写）	叁万捌仟元整	亿千百十万千百十元角分　　　￥3 8 0 0 0 0 0			
票据种类	转账支票	票据张数	1			
票据号码						

　　　　　　　　　复核　记账　　　　　　　　　　收款人开户银行签章

6. 11月8日，缴纳上月应交城建税和教育费附加1100元，完税凭证见表5-11。

表 5-11

中 华 人 民 共 和 国
税收电子转账专用完税证 地

填发日期：2014年11月8日

税务登记代码	370867817601898		征收机关	湖州地税直属征收分局
纳税人全称	瑞金工厂		收款银行（邮局）	德商（01531112569）
税（费）种		税收所属期间		实缴金额
城建税		2004110120041130		770.00
教育费附加		2004110120041130		330.00
金额合计	（大写）壹仟壹佰元整			¥1100.00
征收机关	收款银行（邮局）（盖章）	经手人（签章）	备注	电子缴税 00038638（27）

此凭证仅作纳税人完税凭证，此外无效

7. 11月8日，缴纳上月应交所得税5600元，完税凭证见表5-12。

表 5-12

中 华 人 民 共 和 国
税收电子转账专用完税证 国

填发日期：2014年11月8日

税务登记代码	370867817601898		征收机关	湖州国税局方里分局
纳税人全称	瑞金工厂		收款银行（邮局）	德商（01531112569）
税（费）种		税收所属期间		实缴金额
所得税		20041101——20041130		5600.00
金额合计	（大写）伍仟陆佰元整			¥5600.00
征收机关	收款银行（邮局）（盖章）	经手人（签章）	备注	电子缴税 00038638（28）

此凭证仅作纳税人完税凭证，此外无效

8. 11月8日，接银行通知，收到红星公司前欠货款，收账通知见表5-13。

表5-13

托收凭证（收账通知）

2014年11月8日

业务类型		委托收款（□邮划、□电划）			托收承付（□邮划、□电划）										
付款人	全 称	红星公司			收款人	全 称	瑞金工厂								
	账 号	5600-9696				账 号	8040-4129								
	地 址	省 合肥 市县	开户行	工行		地 址	省 湖州 市县		开户行	工行					
金额	人民币（大写）	叁拾伍万壹仟元整					亿	千	百	十	万	千	百	十	元	角	分
								￥	3	5	1	0	0	0	0	0
款项内容	货 款	托收凭据名 称	托收承付凭证（电划）		附寄单证张数										
商品发运情况			合同名称号码												
备注：			上列款项已划回收入你方账户内												
			收款人开户银行签章												
复核	记账		2014年11月8日												

收款人　　　　　复核　　　　　开票人 林营　　　　销货单位：（章）

此联收款人开户银行作收账通知

9. 11月12日，销售给诚信公司B产品300台，收到一张面值为526500元的商业承兑汇票，有关单据见表5-14。

表5-14

山东增值税专用发票

此联不作报销、扣税凭证　　开票日期：2014年11月12日

购货单位	名 称：	诚信公司			密码区	6+-〈2〉6）927+296+/ * 加密版本：01
	纳税人识别号：	370665524383398				446〈600375〈35〉〈4/ * 37009931410
	地 址、电话：	济宁市华侨路18号7230355				2-2〈2051+24+2618〈7　07050345
	开户行及账号：	工商银行迎祥路支行 56019653				/3-15〉〉09/5/-1〉〉〉+2
货物或应税劳务名称	规格型号	单位	数量	单价	金 额	税率	税 额
B产品		台	300	1500	450000.00	17%	76500.00
合　　　计					￥450000.00		￥76500.00
价税合计（大写）		⊗伍拾贰万陆仟伍佰元整				（小写）￥526500.00	
销货单位	名 称：	瑞金工厂			备注	
	纳税人识别号：	370866786633898				
	地 址、电话：	湖州市解放路16号5230355				
	开户行及账号：	工商银行红旗路支行 8040-4129				

第三联 记账联 销货方记账凭证

10. 11月31日，结转已销商品的实际成本，见表5-15。

表5-15
发出产品汇总表
2014年11月31日

产品名称	计量单位	销售数量	单位成本	总成本
B产品	台	500	1050	525000.00
A产品	台	200	1600	320000.00
合 计				845000.00

11. 11月31日，按规定税率25%计算本月应交所得税。

12. 11月31日，结转各损益类账户余额。

实训六 综合记账凭证填制

一、实训目的

通过对记账凭证的填制与审核的学习,能进一步掌握记账凭证的内容、填制方法和审核内容及审核要求,并能初步了解会计凭证的传递顺序。在实训中,深刻体会记账凭证在会计核算中的重要地位。

二、实训要求

1. 按照记账凭证填制要求和内容,根据以下资料认真填制记账凭证。
2. 根据审核记账凭证的要求,审核所填制的记账凭证。
3. 本实训需领用空白记账凭证若干。

三、实训资料

会计主体:山东瑞金工厂

开户银行:青岛市工商银行如意支行

账号:56-78963214782;地址:大学路5号

纳税人登记号:350660432001540

四、企业案例

2014年6月,山东瑞金工厂发生的经济业务如下:

1. 6月1日,厂业务员孙宝玉出差预借旅差费。经审核无误,财务人员付现金3000元,见表6-1。

表6-1
借 款 单
2014 年 6 月 1 日

单位	业务部	姓 名	孙宝玉	财务部经理	吕慧	审 批	
项目	预付差旅费	出差事由	业务洽谈	出差地点	北京	部门经理	李晟
	其他借款	借款理由	出差				
		对方单位		开户行账号		付款方式	
人民币(大写)		叁仟元整			¥3000.00		

2. 6月2日，财务部收到银行收账通知，平安公司根据投资合同的约定，投资款存入银行，见表6-2。

表6-2

中国工商银行　　进账单(收账通知)　　3

2014 年 6 月 2 日　　第 06326 号

出票人	全　称	平安公司	收款人	全　称	山东瑞金工厂
	账　号	12-654789231		账　号	56-78963214782
	开户银行	农业银行营业部		开户银行	工商银行如意支行
金额	人民币(大写)	柒拾伍万元整	仟佰拾万仟佰拾元角分 ￥ 7 5 0 0 0 0 0 0
	票据种类	转账支票			
	票据张数	壹			
	单位主管　　会计　　复核　　记账			收款人开户银行签章	

3. 6月4日，销售部销售A产品给济南泰山公司，开出增值税发票，产品已通过铁路运输部门发出，并用转账支票垫付运费1680元。货款已办妥托收承付手续，见表6-3至表6-6。

表6-3

青岛增值税专用发票
发 票 联

开票日期：2014 年 6 月 4 日　　NO. 06742132

购货单位	名称	泰山公司	纳税人登记号	382415675361234
	地址电话	济南市和平路4号	开户银行账号	农行三支行 28-715689719

商品或劳务名称	计算单位	数量	单价	金　额 佰拾万仟佰拾元角分	税率/%	税　额 拾万仟佰拾元角分
A 产品	台	200	2000	4 0 0 0 0 0 0 0	17	6 8 0 0 0 0 0
				￥ 4 0 0 0 0 0 0 0		￥ 6 8 0 0 0 0 0
价税合计	×佰肆拾陆万捌仟零佰零拾零元零角零分					￥468000.00
销货单位	名称	山东瑞金工厂	纳税人登记号	350660432001540
	地址电话	大学路五号	开户银行账号	如意支行 56-78963214782

收款人　　　　开票单位(未盖章无效)　　　　结算方式

表 6-4

中国工商银行
转账支票存根

Ⅱ 4987

科　　目　银行存款
对方科目　应收账款
出票日期　2014 年 6 月 4 日

收款人：	铁路运输公司
金　额：	￥1680.00
用　途：	代垫运费
备　注：	曾伟

单位主管　　　　会计　刘晓琳

表 6-5

铁路运杂费专用发票

运输号码：35469

发站	青岛	到站	济南	车种车号		货车自重	
集装箱型		运到期限		保价金额		运价里程	
收货人	全称	泰山公司	发货人	全称	山东瑞金工厂	结算方式	支票
	地址	济南市和平路4号		地址	大学路5号	项目	金额
货物名称	件数	货物重量	计费重量	运价号	运价率	运费	1590.00
A产品	200	5吨				保险费	90.00
发货人声明事项：							
铁路声明事项：						合计	1680.00

发站承运日期　2014 年 6 月 4 日　　　　发站经办人　陈晓

表6-6

托收承付凭证（回单）

邮　　　　　　　　　委托日期　2014 年 6 月 4 日　　　　　　托收号码　05367

收款人	全　称	山东瑞金工厂	付款人	全　称	泰山公司
	账号或住址	56-78963214782		账　号	28-715689719
	开户银行	工商银行如意支行		开户银行	农行三支行

托收人民币金额（大写）	肆拾陆万玖仟陆佰捌拾元整	仟佰拾万仟佰拾元角分 ￥ 4 6 9 6 8 0 0 0

附件	商品发运情况	合同名称号码
附寄单证张数或册数　肆	铁路	GH—0123

备注：	款项收托日期 年　月　日	收款人开户银行盖章 年　月　日

单位主管　　　　会计　　　　复核　　　　记账

4. 6月7日，工厂采购部购进甲材料，取得增值税专用发票。材料已如数入库，根据合同的约定，货款在半月内付清，见表6-7和表6-8。

表6-7

河北增值税专用发票

发 票 联

开票日期：2014 年 6 月 7 日　　　　　　　　　　NO.067142

购货单位	名称	山东瑞金工厂	纳税人登记号	350660432001540
	地址电话	大学路5号	开户银行账号	工行如意支行 56-78963214782

商品或劳务名称	计算单位	数量	单价	金额（佰拾万仟佰拾元角分）	税率/%	税额（拾万仟佰拾元角分）
甲材料	吨	200	1300	2 6 0 0 0 0 0 0	17	4 4 2 0 0 0 0
				￥ 2 6 0 0 0 0 0 0		￥ 4 4 2 0 0 0 0

价税合计　×佰叁拾 零 万 肆仟 贰 佰 元整　　　￥304200.00

销货单位	名称	河北大福材料厂	纳税人登记号	354669871234567
	地址电话	河北市海滨路7号	开户银行账号	建设银行 9823651

收款人　　　开票单位(未盖章无效)　　　结算方式

表 6-8

收 料 单

供货单位 河北大福材料厂
材料科目 原材料   2014 年 6 月 7 日   发票号码 067142
材料类别 主要材料   编 号 10

材料编号	名称	规格	计量单位	数量 应收	数量 实收	买价 单价	买价 金额	运杂费	其他	合计	单位成本	金额
3210	甲材料	H01	吨	200	200	1300	260000			260000	1300	

保管人 张伟

5. 6月8日，厂财务部以银行存款支付下半年书报费，见表6-9和表6-10。

表 6-9

统 一 收 据

2014 年 6 月 8 日   NO 002138

今收到 山东瑞金工厂
交 来 2014年下半年报纸杂志费
人民币（大写） 肆仟捌佰元整   ￥4800.00

收款单位（公章） 邮政局三营业部   收款人 刘铁山   交款人 韩丽

表 6-10

```
中国工商银行
转账支票存根
                    Ⅶ Ⅱ2498
科   目  银行存款
对方科目  管理费用
出票日期  2014年6月8日
  收款人： 邮政局三营业部
  金  额： ￥4800.00
  用  途： 报纸杂志费
  备  注： 刘铁山
单位主管      会计 刘晓琳
```

6. 6月8日，财务人员填制电汇结算凭证，偿还上月购入的丙材料款，见表6-11。

表6-11

中国工商银行　　电汇凭证(回单)

委托日期　2014年6月8日

汇款人	全称	山东瑞金工厂	收款人	全称	烟台ABC材料厂
	账号	56-78963214782		账号	农行 3768542
	汇出地点	青岛　汇出行　工行如意支行		汇入地点	山东省烟台市　汇入行　农行烟台分行

金额	人民币(大写)	叁拾万零陆仟元整	仟佰拾万仟佰拾元角分 ￥3 0 6 0 0 0 0 0

汇款用途：偿还前欠货款	汇出行签章
上款已根据委托办理，如查询，请持此回单面洽	2014年6月8日

7. 6月10日，销售部采用提货制销售B产品120件，销售科业务员开出增值税专用发票。购货方以转账支票结算货款，财会人员当日将支票送存银行，见表6-12至表6-14。

表6-12

山东增值税专用发票

发　票　联

开票日期：2014年6月10日　　　　　NO. 06514234

购货单位	名称	多禾公司	纳税人登记号	365379184226711
	地址电话	西河东路25号	开户银行账号	建行三支行，08933905

商品或劳务名称	计算单位	数量	单价	金额 佰拾万仟佰拾元角分	税率/%	税额 拾万仟佰拾元角分
B产品	台	120	2500	3 0 0 0 0 0 0 0	17	5 1 0 0 0 0 0
				￥3 0 0 0 0 0 0 0		￥5 1 0 0 0 0 0

价税合计	×佰叁拾伍万壹仟零佰零拾零元零角零分　￥351000.00

销货单位	名称	山东瑞金工厂	纳税人登记号	350660432001540
	地址电话	大学路五号	开户银行账号	如意支行 56-78963214782

收款人　　　　开票单位(未盖章无效)　　　　结算方式

表6-13

中国建设银行新城支行转账支票　Ⅶ Ⅱ3563

出票日期(大写) 贰零壹肆年陆月零壹拾日　　付款行名称：建行三支行
收款人：山东瑞金工厂　　　　　　　　　　　出票人账号：08933905

人民币(大写)	叁拾伍万壹仟元整	佰	拾	万	仟	佰	拾	元	角	分
		¥	3	5	1	0	0	0	0	0

支票付款期限拾天　　　　　　　　　　科目(借方)
　　　　　　　　　　　　　　　　　　对方科目
用途：支付货款　　　　　　　　　　　付讫日期　年　月　日
上列款项请从
我账户内支出
出票人签章　　　　　　　　　出纳　　复核　　记账

　　　　　　　　　　　贴对号单处
出票人签章

表6-14

中国工商银行　进账单(收账通知)　3

2014年 6月 10日　　　　　　　第 05462 号

出票人	全称	多禾公司	收款人	全称	山东瑞金工厂
	账号	089339053214871		账号	56-78963214782
	开户银行	建行三支行		开户银行	工行如意支行

金额	人民币(大写)	叁拾伍万壹仟元整	仟	佰	拾	万	仟	佰	拾	元	角	分
				¥	3	5	1	0	0	0	0	0

票据种类	转账支票
票据张数	壹

单位主管　会计　复核　记账　　　　　　收款人开户银行签章

8. 6月13日，厂财务部收到银行转来的收账通知，6月4日以托收方式向泰山公司的收取的货款已收妥入账，见表6-15。

表6-15

托收承付凭证（收账通知）

2014 年 6 月 13 日　　　　　第 05562 号

收款人	全称	山东瑞金工厂	付款人	全称	泰山公司
	账号或住址	56-78963214782		账号	28-715689719
	开户银行	工行如意支行		开户银行	农行三支行

托收金额	人民币（大写）	肆拾陆万玖仟陆佰捌拾元整	仟佰拾万仟佰拾元角分 ¥469680 00

附件	商品发运情况	合同名称号码
附寄单证张数或册数　肆	铁路	GH0123

备注：	款项收托日期 2014 年 6 月 13 日	收款人开户银行盖章 年 月 日

单位主管　　　　会计　　　　复核　　　　记账

9. 6月16日，厂财务部开出转账支票一张，支付本月电视台广告费，取得电视台开局广告费的收款收据，见表6-16和表6-17。

表6-16

```
       中国工商银行
       转账支票存根
                VII II 6673
   科    目  银行存款
   对方科目  销售费用
   出票日期  2014 年 6 月 16 日
   ┌─────────────────┐
   │ 收款人： 电视台广告部      │
   │ 金  额： ¥3600.00         │
   │ 用  途： 广告费            │
   │ 备  注： 张欣欣            │
   └─────────────────┘
   单位主管      会计  刘晓琳
```

表6-17

广告业专用发票

客户名称：山东瑞金工厂　　　2014年6月16日　　　NO 32614

项目	单位	数量	单价	金额 拾万仟佰拾元角分
产品广告	次	36	100	3 6 0 0 0 0
人民币（大写）	×万叁仟陆佰零拾零元零角零分			¥ 3 6 0 0 0 0

10. 6月20日，厂财会人员根据审核无误的旅差费报销单，孙宝玉报销旅差费2430元，原借款3000元，余款退回现金，见表6-18和表6-19。

表6-18

差旅费报销单

单位：业务部　　　　　　　　　　　　　　　　　　　2014年6月20日

出差人	孙宝玉		共1人	事由	业务洽谈	6月12日—6月23日	共12天		
出发时间			到达时间			火车票	卧铺票	汽车票	飞机票	市内车费	轮船	宿费	其他	住勤费			合计金额
月	日	时	地点	月	日	时	地点								天数	标准	金额	
6	12	20	本市	6	23	8	北京	800			430		1200					2430
合计								400			430		1200					2430

合计(大写)　　　　　　贰仟肆佰叁拾元整　　　　　　¥2430.00

单位负责人 开鑫　　部门负责人 李贰　　复核 刘晓琳　　报销人 孙宝玉

表6-19

专用收款收据

收款日期　2014 年 6 月 20 日　　　　　NO.523

付款单位(交款人)	孙宝玉	收款单位(领款人)	财务部							收款项目			暂借款	第三联给付款单位收据
人民币(大写)	伍佰柒拾元整			仟佰拾万仟佰拾元角分						结算方式				
				¥	5	7	0	0	0	现金				
收款事由	退回预借旅差费		经办	部门										
				人员										
上述款项照数收讫无误。收款单位财会专用章:(领款人签章)		会计主管	稽核			出纳				交款人				
		吕慧				刘哲				孙宝玉				

11. 6月21日，厂部确认应收顺德公司的货款 30000 元，无法收回。

> 2001年顺德公司，欠本厂货款叁万元整，因该公司破产，债务无法偿还，向厂领导报批，经领导批准，确认该款项已无法收回，予以注销。

12. 6月22日，根据合同的约定，以电汇方式支付7日购入的甲材料款，见表6-20。

表6-20

中国工商银行　　电汇凭证(回单)

委托日期　2014 年 6 月 22 日

汇款人	全称	山东瑞金工厂	收款人	全称	河北大福材料厂									
	账号	56-78963214782		账号	建设银行 9823651									
	汇出地点	青岛市	汇出行 工行如意支行		汇入地点	河北省	汇入行	建行海滨支行						
金额	人民币(大写)	叁拾万肆仟贰佰元整				仟	佰	拾	万	仟	佰	拾	元	角	分
						¥	3	0	4	2	0	0	0	0
汇款用途: 偿还前欠货款			汇出行签章											
上款已根据委托办理，如查询，请持此回单面洽					2014 年 6 月 22 日									

13. 6月27日，厂采购部购进乙材料，取得增值税专用发票，开出转账支票支付，材料尚未收到，见表6-21和表6-22。

表6-21
河北增值税专用发票
发 票 联

开票日期：2014年6月27日　　　　　　　　NO.067153

购货单位	名称	山东瑞金工厂	纳税人登记号	350660432001540
	地址电话	大学路5号	开户银行账号	工行如意支行 56-78963214782

商品或劳务名称	计算单位	数量	单价	金额（佰拾万仟佰拾元角分）	税率/%	税额（拾万仟佰拾元角分）
乙材料	吨	20	5000	1 0 0 0 0 0 0 0	17	1 7 0 0 0 0 0
				¥ 1 0 0 0 0 0 0 0		¥ 1 7 0 0 0 0 0

价税合计	×佰壹拾 壹 万 柒仟 元整	￥117000.00

销货单位	名称	河北大福材料厂	纳税人登记号	354669871234567
	地址电话	河北市海滨路	开户银行账号	建设银行 9823651

收款人　　　开票单位(未盖章无效)　　　结算方式

表6-22

```
中国工商银行
转账支票存根
               Ⅶ Ⅱ 6684
科    目  银行存款
对方科目  原材料
出票日期  2014年6月27日
┌──────────────────────┐
│ 收款人： 河北大福材料厂      │
│ 金  额： ￥117000.00         │
│ 用  途： 材料款              │
│ 备  注： 张欣欣              │
└──────────────────────┘
单位主管      会计  刘晓琳
```

14. 6月29日，厂部收到本月27日购入的材料，验收入库，开出收料单，见表6-23。

表6-23

收 料 单

供货单位　河北大福材料厂
材料科目　原材料　　　　　　2014 年 6 月 29 日　　　　　发票号码　067153
材料类别　主要材料　　　　　　　　　　　　　　　　　　　编　　号　11

材料编号	名称	规格	计量单位	数量 应收	数量 实收	实际成本 买价 单价	实际成本 买价 金额	运杂费	其他	合计	单位成本	金额
3210	乙材料	H02	吨	20	20	5000	100000			100000	5000	

保管人　张伟

15. 6月30日，计算分配结转本月工资费用78000元。工资分配表见表6-24。

表6-24

工资费用汇总分配表

2014 年 6 月 30 日　　　　　　　　　　　　　　　　　　　　　　　单位：元

车间、部门		应分配金额
车间生产人员工资	A产品工人	40000.00
	B产品工人	20000.00
	车间生产人员工资合计	60000.00
车间管理人员		10000.00
厂部管理人员		5000.00
专设销售机构人员		3000.00
合　　计		78000.00

主管：　　　　　　　审核：陈红　　　　　　　制单：李轻

16. 6月30日，计提职工福利费，见表6-25。

表6-25

职工福利费计提表

2014年6月30日　　　　　　　　　　　　　　　　　　单位：元

车间、部门		工资总额	计提比例（%）	计提金额
车间生产人员工资	A产品工人	40000.00	14	5600.00
	B产品工人	20000.00	14	2800.00
	小计	60000.00	14	8400.00
车间管理人员		10000.00	14	1400.00
厂部管理人员		5000.00	14	700.00
专设销售机构人员		3000.00	14	420.00
合计		78000.00		10920.00

主管：　　　　　　　　　　审核：陈红　　　　　　　　　制单：李轻

17. 6月30日，财务人员根据本月工资及福利计算表，签发现金支票，向银行提取现金88920元，准备发放工资，见表6-26。

表6-26

| 中国工商银行
现金支票存根
Ⅶ Ⅱ7354

科　目　现金
对方科目　银行存款
出票
日期　2014年6月30日

收款人：瑞金工厂
金　额：￥88920.00
用　途：发放工资

单位主管　会计 | 中国工商银行如意支行现金支票　　Ⅶ Ⅱ7354

出票日期(大写) 贰零壹肆年零陆月叁拾日　付款行名称：市工行如意支行
收款人：山东瑞金工厂　　　　　　　出票人账号：56-78963214782

人民币
(大写)　捌万捌仟玖佰贰拾元整　　　｜佰｜拾｜万｜仟｜佰｜拾｜元｜角｜分｜
　　　　　　　　　　　　　　　　　　￥｜ ｜ ｜8｜8｜9｜2｜0｜0｜0｜

支票付款期限拾天　　　　　　　　　科目(借方)
　　　　　　　　　　　　　　　　　对方科目
用途：发放工资　　　　　　　　　　付记日期　年　月　日
上列款项请从
我账户内支出
出票人签章　　　　　　　　出纳　　　复核　　　记账 |

18. 6月30日，厂部编制"发出材料汇总表"（见表6-27）列示如下：分配并结转发出材料成本。

表6-27

发出材料汇总表

2014年6月30日　　　　　　　　　　　　　　　　　　　　　　单位：元

应借科目	应贷科目	原材料						合计
		甲材料			乙材料			
		数量	单价	金额	数量	单价	金额	
生产成本	A产品	90	1300	117000	5.6	5000	28000	145000
	B产品	65	1300	84500	5.1	5000	25500	110000
制造费用					0.6	5000	3000	3000
管理费用					0.1	5000	500	500
其他业务支出					0.1	5000	500	500
合计		155		201500	11.5		57500	259000

19. 6月30日，厂财务部计提本月固定资产折旧，见表6-28。

表6-28

固定资产折旧计算表

2014年6月30日　　　　　　　　　　　　　　　　　　　　　　单位：元

应借科目	使用部门	月初固定资产原值	月折旧率%	月折旧额
制造费用	车间	155850.00	5%	7792.50
管理费用	厂部	103900.00	3%	3117.00
	合计			10909.50

主管：　　　　　　　　　　审核：刘晓琳　　　　　　　　制单：刘义

20. 6月30，厂部分配并结转本月制造费用，见表6-29。

表 6-29

制造费用分配表

2014 年 6 月 30 日　　　　　　　　　　　　　　　　单位：元

分配对象	分配标准（生产工人资）	分配率	分配金额
A产品	40000		71528.00
B产品	20000		35764.50
	60000	1.7882	107292.50

主管　　　　　　　　审核 刘晓琳　　　　　　　　制表：刘义

21. 6月30日，计算并结转完工入库产品实际成本，见表6-30。

表 6-30

完工产品成本计算单

2014 年 6 月 30 日　　　　　　　　　　　　　　　　单位：元

成本项目	A产品（200 台）总成本	A产品（200 台）单位成本	B产品（100 台）总成本	B产品（100 台）单位成本
直接材料	140000.00	700.00	100000.00	1000.00
直接人工	36000.00	180.00	20000.00	200.00
制造费用	64000.00	320.00	30000.00	300.00
合计	240000.00	1200.00	150000.00	1500.00

主管：　　　　　　　审核：刘晓琳　　　　　　　制表人：刘义

22. 6月30日，计算并结转已销产品成本，见表6-31。

表 6-31

产品出库单

收货单位　　　　　2014 年 6 月 30 日　　　　　　　　　　单位：元

产品名称	计量单位	数量	单价	金额
A产品	台	200	1200	240000.00
B产品	台	120	1500	180000.00
合计				420000.00

主管：　　　　　　　审核：王萧　　　　　　　制单人：刘义

实训七　编制科目汇总表

一、实训目的

科目汇总表又称记账凭证汇总表,是科目汇总表的核算方法。通过对科目汇总表的实训,加深对"有借必有贷,借贷必相等"记账规则的理解,进一步掌握本期发生额试算平衡的方法,掌握借贷记账法基本内容。

二、实训要求

1. 对实训三、四、五中的资料进行逐笔审核,保证汇总资料的正确。逐笔过入"T"字型账户中,结出各账户的借贷方发生额。

2. 把"T"字型账户的借贷方发生额,过入科目汇总表中,并进行试算平衡。

3. 完成全部业务后集中一次汇总,编制科目汇总表,并进行试算平衡,检查全部科目借方发生额和贷方发生额是否相等。

三、实训资料

1. 根据实训三、四、五开设并登记"T"字账户,结出各账户的借贷方发生额。

2. 根据实训三、四、五的资料内容进行试算平衡和科目汇总表的编制,见表 7-1 和表 7-2。

实训七　编制科目汇总表

实训七 编制科目汇总表

表 7-1

科目汇总表

会计科目	本期发生额		过账
	借　方	贷　方	
合　计			

表 7-2

科目汇总表

会计科目	本期发生额		过账
	借 方	贷 方	
合　计			

实训八 登记日记账

一、实训目的

日记账是出纳人员根据收款凭证、付款凭证，按经济业务发生时间的先后顺序，逐日逐笔进行登记的账簿。通过练习现金日记账、银行存款日记账的登记，加深理论知识的理解。日记账一般采用三栏式订本账簿。每日终了应分别计算出收入、付出的合计数并结出余额，做到日清。月终要计算日记账收入、付出和结存的合计数，月结。

二、实训要求

1. 要求学生审核收款凭证、付款凭证。
2. 根据审核无误的记账凭证，登记现金日记账和银行存款日记账。
3. 分别开设现金日记账和银行存款日记账，并将月初余额过到新开设的日记账中。序时逐笔登记（其中现金日记账还需要日清月结）。
4. 本实训需用日记账页 2 张。

三、实训资料

山东瑞金工厂 2014 年 6 月初，库存现金日记账余额为 5000 元；银行存款日记账余额为 750000 元。该企业在 6 月份上半月发生的有关经济业务及记账凭证如下。

1. 6 月 1 日，企业从银行提取现金 2000 元，备用（银付第 1 号），见表 8-1。

表 8-1

付 款 凭 证

贷方科目：银行存款　　　2014 年 6 月 1 日　　　银付字第 1 号

摘　要	借方科目		金额	记账符号
	总账科目	明细科目	亿仟佰拾万仟佰拾元角分	
备用	库存现金		2 0 0 0 0 0	
合　计			￥ 2 0 0 0 0 0	

会计主管　孙林　　记账　路平　　稽核　孙林　　制单　陈丽　　出纳　李强

2. 6月2日，企业收到甲投资者投入企业的股款200000元存入银行（银收第1号），见表8-2。

表8-2
收 款 凭 证

借方科目：银行存款　　　　　2014年6月2日　　　　　银收 字 第 1 号

摘 要	贷方科目		金 额	记账符号
	总账科目	明细科目	亿仟佰拾万仟佰拾元角分	
甲投资者投入股本	实收资本	甲投资者	2 0 0 0 0 0 0 0	
合　　计			￥ 2 0 0 0 0 0 0 0	

会计主管 孙林　　记账 路平　　稽核 孙林　　制单 陈丽　　出纳 李强

3. 6月3日，企业职工路平出差，暂付差旅费2000元（现付第1号），见表8-3。

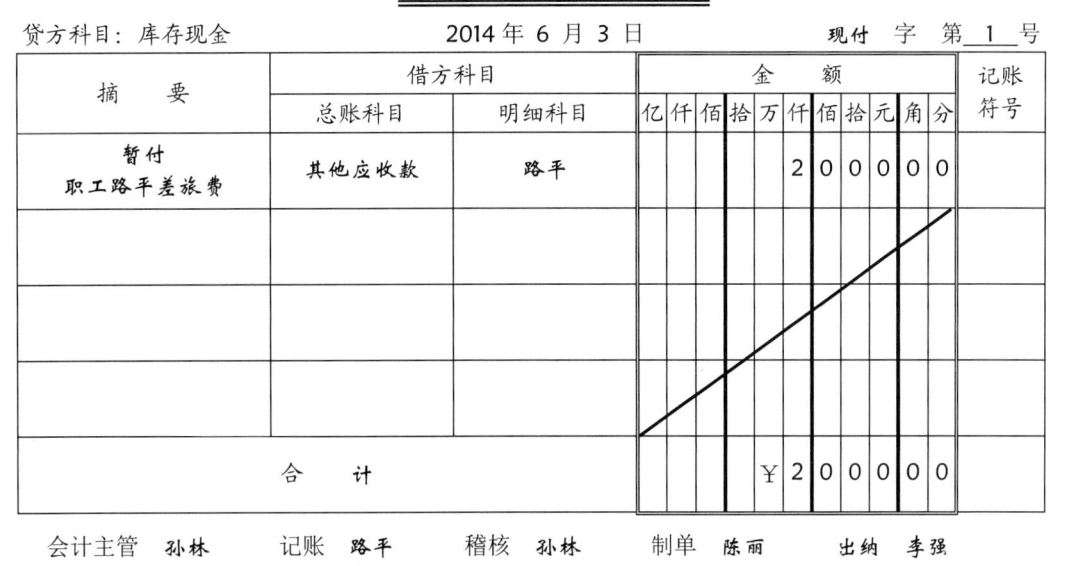

表8-3
付 款 凭 证

贷方科目：库存现金　　　　　2014年6月3日　　　　　现付 字 第 1 号

摘 要	借方科目		金 额	记账符号
	总账科目	明细科目	亿仟佰拾万仟佰拾元角分	
暂付职工路平差旅费	其他应收款	路平	2 0 0 0 0 0	
合　　计			￥ 2 0 0 0 0 0	

会计主管 孙林　　记账 路平　　稽核 孙林　　制单 陈丽　　出纳 李强

4. 6月4日，企业收到A公司前欠货款25000元，存入银行（银收第2号），见表8-4。

表8-4
收 款 凭 证

借方科目：银行现金　　　　2014年6月4日　　　　银收 字 第 2 号

摘要	贷方科目		金额	记账符号
	总账科目	明细科目	亿 仟 佰 拾 万 仟 佰 拾 元 角 分	
收到应收账款	应收账款	A公司	2 5 0 0 0 0 0	
合　　计			￥2 5 0 0 0 0 0	

会计主管　孙林　　记账　路平　　稽核　孙林　　制单　陈丽　　出纳　李强

5. 6月4日，企业用银行存款10000元，归还短期借款（银付第2号），见表8-5。

表8-5
付 款 凭 证

贷方科目：银行存款　　　　2014年6月4日　　　　银付 字 第 2 号

摘要	借方科目		金额	记账符号
	总账科目	明细科目	亿 仟 佰 拾 万 仟 佰 拾 元 角 分	
归还短期借款	短期借款		1 0 0 0 0 0 0	
合　　计			￥1 0 0 0 0 0 0	

会计主管　孙林　　记账　路平　　稽核　孙林　　制单　陈丽　　出纳　李强

6. 6月5日，企业开出支票一张，支付销售费用—广告费7400元（银付第3号），见表8-6。

表8-6
付 款 凭 证

贷方科目：银行存款　　　　　　2014年6月5日　　　　　　银付 字 第 3 号

摘 要	借方科目		金 额	记账符号
	总账科目	明细科目	亿 仟 佰 拾 万 仟 佰 拾 元 角 分	
以银行存款支付广告费	销售费用	广告费	7 4 0 0 0 0	
合　　计			¥ 7 4 0 0 0 0	

会计主管　孙林　　记账　路平　　稽核　孙林　　制单　陈丽　　出纳　李强

7. 6月7日，企业职工路平出差回来报销差旅费1500元，余款500元退回（现收第1号，转第1号），见表8-7和表8-8。

表8-7
收 款 凭 证

借方科目：库存现金　　　　　　2014年6月7日　　　　　　现收 字 第 1 号

摘 要	贷方科目		金 额	记账符号
	总账科目	明细科目	亿 仟 佰 拾 万 仟 佰 拾 元 角 分	
报销差旅费余款退回	其他应收款	路平	5 0 0 0 0	
合　　计			¥ 5 0 0 0 0	

会计主管　孙林　　记账　路平　　稽核　孙林　　制单　陈丽　　出纳　李强

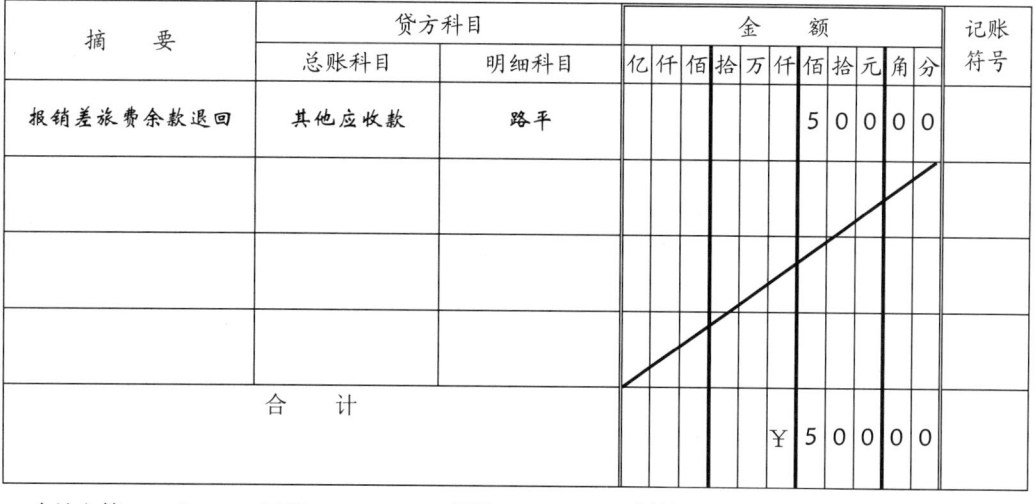

表 8-8
转 账 凭 证
2014 年 6 月 7 日　　　　　　　　转 第 _1_ 号

摘要	借方科目		贷方科目		金额	记账符号
	总账科目	明细科目	总账科目	明细科目	亿仟佰拾万仟佰拾元角分	
报销差旅费	管理费用	差旅费	其他应收款	路平	1 5 0 0 0 0	
合　　计					￥1 5 0 0 0 0	

会计主管　孙林　　记账　路平　　稽核　孙林　　制单　陈丽　　出纳　李强

8．6月7日，企业从银行提取现金45 000元，准备发放职工工资（银付第4号），见表8-9。

表 8-9
付 款 凭 证
贷方科目：银行存款　　　　2014 年 6 月 7 日　　　　　　银 付 字 第 _4_ 号

摘　要	借方科目		金　额	记账符号
	总账科目	明细科目	亿仟佰拾万仟佰拾元角分	
从银行存款中提取现金	库存现金		4 5 0 0 0 0 0	
合　　计			￥4 5 0 0 0 0 0	

会计主管　孙林　　记账　路平　　稽核　孙林　　制单　陈丽　　出纳　李强

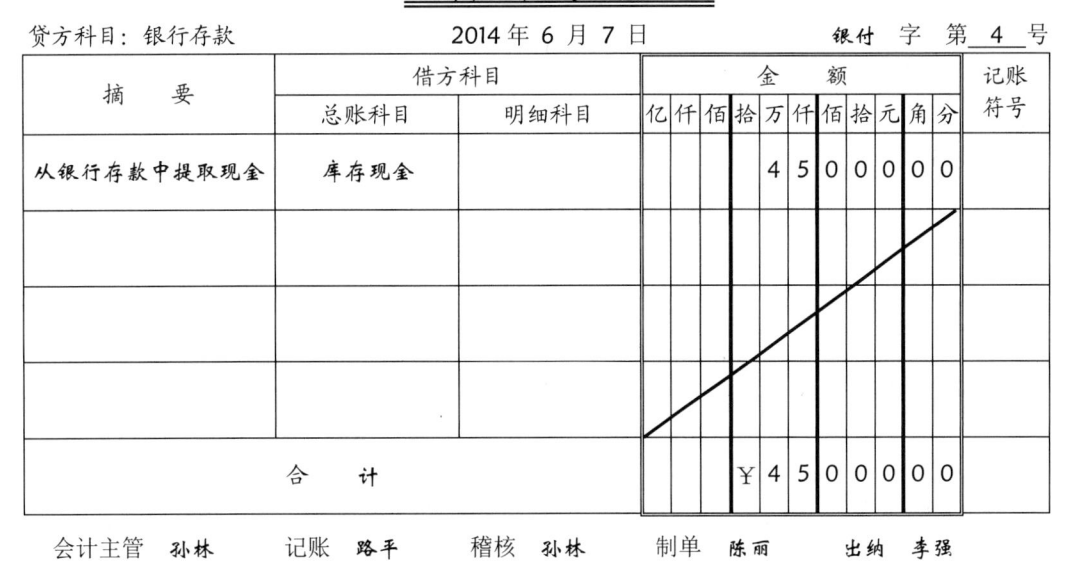

9. 6月9日，企业因生产需要向银行借入20000元，借款期限为三年（银收3号），见表8-10。

表8-10

收 款 凭 证

借方科目：银行存款　　　　　2014年6月9日　　　　　银收 字 第 3 号

摘 要	贷方科目		金 额	记账符号
	总账科目	明细科目	亿仟佰拾万仟佰拾元角分	
向银行借入资金	长期借款		2 0 0 0 0 0 0	
合　计			¥ 2 0 0 0 0 0 0	

会计主管　孙林　　　记账　路平　　　稽核　孙林　　　制单　陈丽　　　出纳　李强

10. 6月9日，企业将库存现金1000元存入银行（现付第2号），见表8-11。

表8-11

付 款 凭 证

贷方科目：库存现金　　　　　2014年6月9日　　　　　现付 字 第 2 号

摘 要	借方科目		金 额	记账符号
	总账科目	明细科目	亿仟佰拾万仟佰拾元角分	
将现金存入银行	银行存款		1 0 0 0 0 0	
合　计			¥ 1 0 0 0 0 0	

会计主管　孙林　　　记账　路平　　　稽核　孙林　　　制单　陈丽　　　出纳　李强

11. 6月13日，企业收到红星工厂前欠购货款 5600 元，已存入银行（银收第 4 号），见表 8-12。

表 8-12
收 款 凭 证

借方科目：银行存款　　　　2014 年 6 月 13 日　　　　银收 字 第 4 号

摘要	贷方科目		金额	记账符号
	总账科目	明细科目	亿 仟 佰 拾 万 仟 佰 拾 元 角 分	
收到前欠货款	应收账款	红星工厂	5 6 0 0 0 0	
合　　计			￥ 5 6 0 0 0 0	

会计主管　孙林　　记账　路平　　稽核　孙林　　制单　陈丽　　出纳　李强

12. 6月13日，企业向投资贸易公司购入 A 材料，重量 2000 公斤，每公斤 10 元，计 20000 元。进项增值税税率 17%，计 3400 元。材料已验收入库，货款以银行存款已支付（银付第 5 号），见表 8-13。

表 8-13
付 款 凭 证

贷方科目：银行存款　　　　2014 年 6 月 13 日　　　　银付 字 第 5 号

摘要	借方科目		金额	记账符号
	总账科目	明细科目	亿 仟 佰 拾 万 仟 佰 拾 元 角 分	
购入原材料 A 材料	原材料	A 材料	2 0 0 0 0 0 0	
	应交税费	应交增值税（进项税）	3 4 0 0 0 0	
合　　计			￥ 2 3 4 0 0 0 0	

会计主管　孙林　　记账　路平　　稽核　孙林　　制单　陈丽　　出纳　李强

13. 6月13日，企业用现金45000元发放职工工资（现付第3号），见表8-14。

表 8-14

付 款 凭 证

贷方科目：库存现金　　　　2014 年 6 月 13 日　　　　现付 字 第 3 号

摘要	借方科目		金额（亿仟佰拾万仟佰拾元角分）	记账符号
	总账科目	明细科目		
以现金发放职工工资	应付职工薪酬		4 5 0 0 0 0 0	
	合　　计		¥ 4 5 0 0 0 0 0	

会计主管　孙林　　记账　路平　　稽核　孙林　　制单　陈丽　　出纳　李强

14. 6月13日，厂财务部计提企业的短期借款利息1800元（转第2号），见表8-15。

表 8-15

转 账 凭 证

2014 年 6 月 13 日　　　　转 字 第 2 号

摘要	借方科目		贷方科目		金额（亿仟佰拾万仟佰拾元角分）	记账符号
	总账科目	明细科目	总账科目	明细科目		
计提短期借款利息	财务费用	利息	应付利息	路平	1 8 0 0 0 0	
	合　　计				¥ 1 8 0 0 0 0	

会计主管　孙林　　记账　路平　　稽核　孙林　　制单　陈丽　　出纳　李强

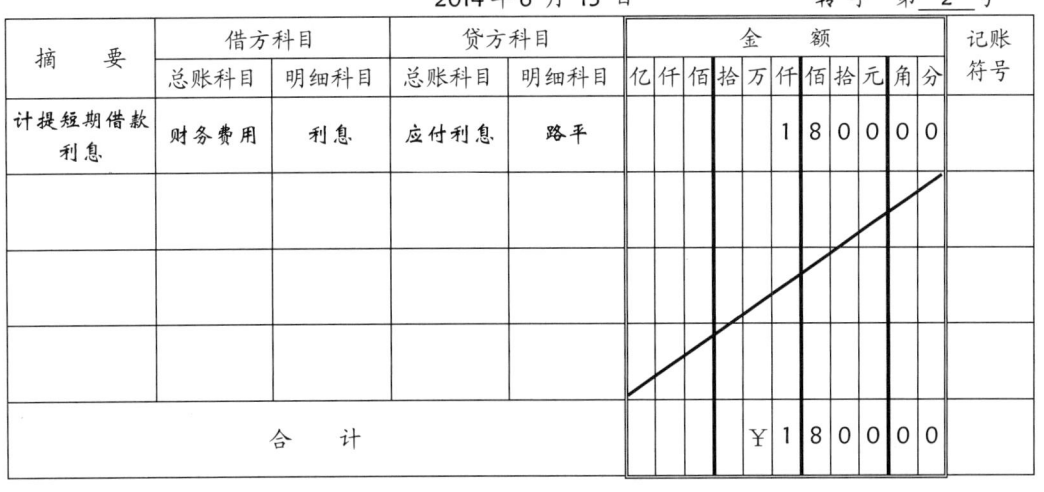

15. 6月14日，企业用现金700元支付销售部门业务费（现付第4号），见表8-16。

表8-16
付 款 凭 证

贷方科目：库存现金　　2014年6月14日　　现付 字 第 4 号

摘要	借方科目		金额	记账符号
	总账科目	明细科目	亿仟佰拾万仟佰拾元角分	
以现金支付销售部门业务费	销售费用		7 0 0 0 0	
合　　计			￥　　　　7 0 0 0 0	

会计主管　孙林　　记账　路平　　稽核　孙林　　制单　陈丽　　出纳　李强

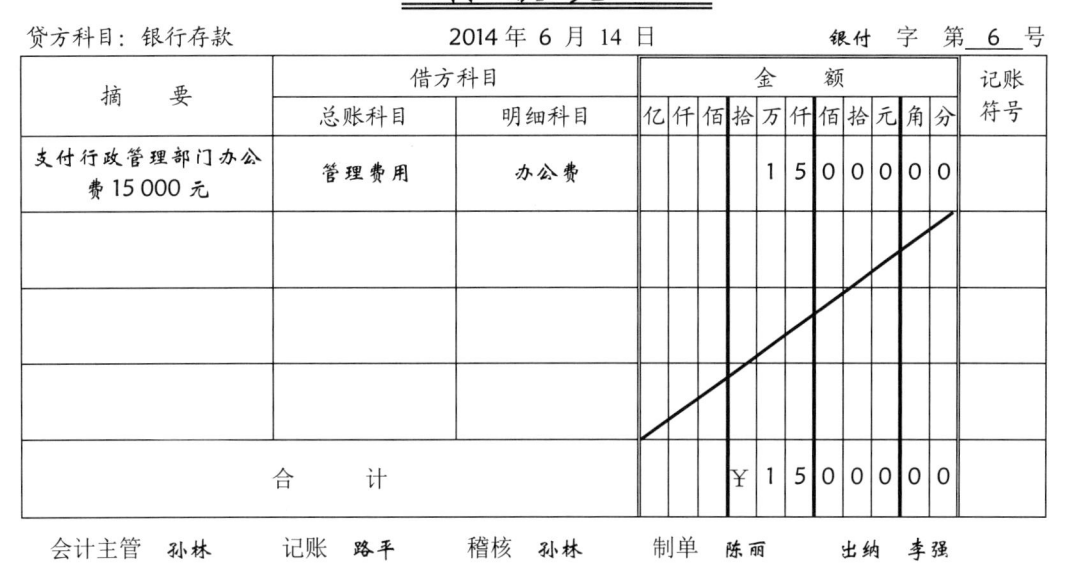

16. 6月14日，企业用银行存款支付行政管理部门办公费15000元（银付第6号），见表8-17。

表8-17
付 款 凭 证

贷方科目：银行存款　　2014年6月14日　　银付 字 第 6 号

摘要	借方科目		金额	记账符号
	总账科目	明细科目	亿仟佰拾万仟佰拾元角分	
支付行政管理部门办公费15 000元	管理费用	办公费	1 5 0 0 0 0 0	
合　　计			￥　　　1 5 0 0 0 0 0	

会计主管　孙林　　记账　路平　　稽核　孙林　　制单　陈丽　　出纳　李强

17. 6月14日，企业用银行存款1000元，预付6个月书报刊杂志订阅费（银付7号），见表8-18。

表8-18
付 款 凭 证

贷方科目：银行存款　　　　　2014年 6 月 14 日　　　　　　　银付 字 第 7 号

摘 要	借方科目		金 额	记账符号
	总账科目	明细科目	亿 仟 佰 拾 万 仟 佰 拾 元 角 分	
预付报刊杂志订阅费	管理费用	报刊费	1 0 0 0 0 0	
合　　计			¥ 1 0 0 0 0 0	

会计主管　孙林　　　记账　路平　　　稽核　孙林　　　制单　陈丽　　　出纳　李强

18. 6月14日，企业向东方工厂出售甲产品100台，每台售价100元，计10000元。产品已发出，货款已存入银行（银收第5号），见表8-19。

表8-19
收 款 凭 证

借方科目：银行存款　　　　　2014年 6 月 14 日　　　　　　　银收 字 第 5 号

摘 要	贷方科目		金 额	记账符号
	总账科目	明细科目	亿 仟 佰 拾 万 仟 佰 拾 元 角 分	
向东方工厂出售甲产品	主营业务收入	甲产品	1 0 0 0 0 0 0	
	应交税费	应交增值税（销项税）	1 7 0 0 0 0	
合　　计			¥ 1 1 7 0 0 0 0	

会计主管　孙林　　　记账　路平　　　稽核　孙林　　　制单　陈丽　　　出纳　李强

19. 6月14日，企业用现金支付职工刁敏的医药费400元（现付第5号），见表8-20。

表8-20

付 款 凭 证

贷方科目：库存现金　　　2014年6月14日　　　现付 字 第 5 号

摘要	借方科目		金额（亿仟佰拾万仟佰拾元角分）	记账符号
	总账科目	明细科目		
以现金支付职工的医药	应付职工薪酬	职工福利费	4 0 0 0 0	
合　　计			¥ 4 0 0 0 0	

会计主管 孙林　　记账 路平　　稽核 孙林　　制单 陈丽　　出纳 李强

20. 6月14日，企业收到职工李可违章罚款900元，以现金收讫（现收第2号），见表8-21。

表8-21

收 款 凭 证

借方科目：库存现金　　　2014年6月14日　　　现收 字 第 2 号

摘要	贷方科目		金额（亿仟佰拾万仟佰拾元角分）	记账符号
	总账科目	明细科目		
收到职工违章罚款	营业外收入	罚款	9 0 0 0 0	
合　　计			¥ 9 0 0 0 0	

会计主管 孙林　　记账 路平　　稽核 孙林　　制单 陈丽　　出纳 李强

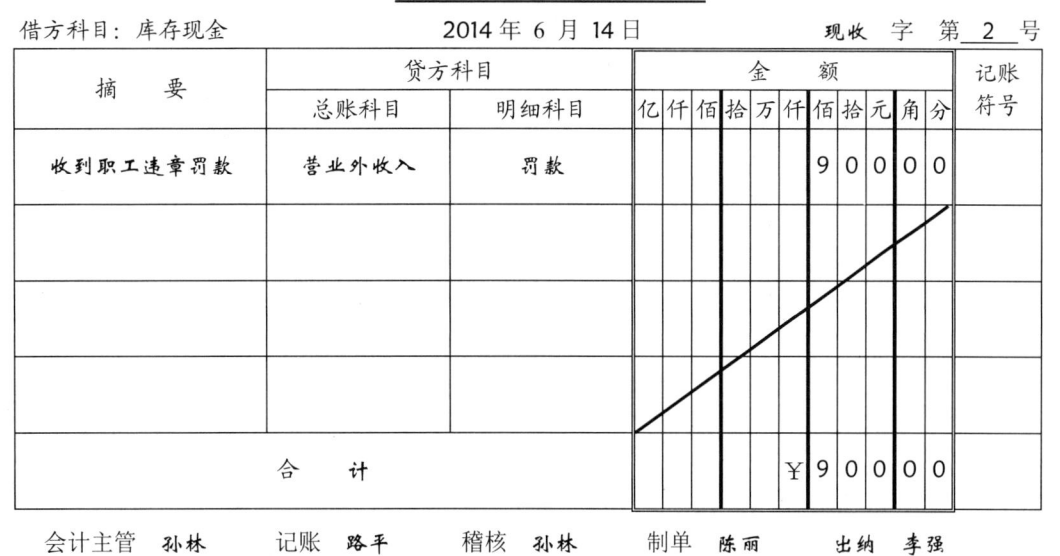

21. 6月14日，企业以银行存款支付，自办职工幼儿园经费5000元（银付第8号），见表8-22。

表8-22
付 款 凭 证

贷方科目：银行存款　　　　　2014年 6 月 14 日　　　　　银付 字 第 8 号

摘　要	借方科目		金　额											记账符号
	总账科目	明细科目	亿	仟	佰	拾	万	仟	佰	拾	元	角	分	
支付幼儿园经费	营业外支出	幼儿园经费						5	0	0	0	0	0	
合　计									￥	5	0	0	0	0	0	

会计主管　孙林　　记账　路平　　稽核　孙林　　制单　陈丽　　出纳　李强

22. 6月14日，企业用现金1000元支付职工孙小生活困难补助（现付第6号），见表8-23。

表8-23
付 款 凭 证

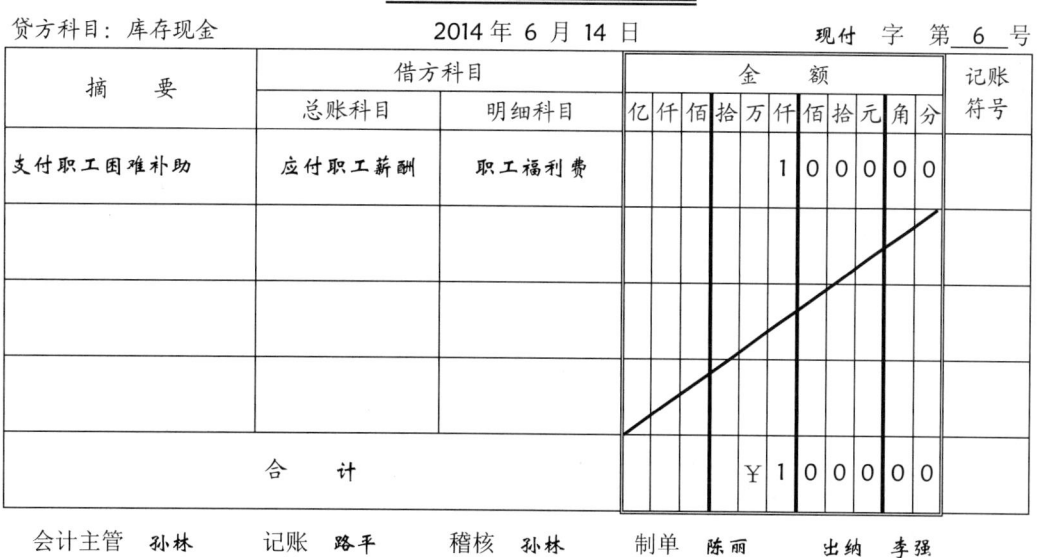

贷方科目：库存现金　　　　　2014年 6 月 14 日　　　　　现付 字 第 6 号

摘　要	借方科目		金　额											记账符号
	总账科目	明细科目	亿	仟	佰	拾	万	仟	佰	拾	元	角	分	
支付职工困难补助	应付职工薪酬	职工福利费							1	0	0	0	0	0	
合　计									￥	1	0	0	0	0	0	

会计主管　孙林　　记账　路平　　稽核　孙林　　制单　陈丽　　出纳　李强

23. 6月15日，企业出售Y材料一批价值10000元，增值税1700元。款已收到存入银行（银收第6号），见表8-24。

表8-24
收 款 凭 证

借方科目：银行存款　　　　2014年6月15日　　　　银收字第 6 号

摘要	贷方科目		金额	记账符号
	总账科目	明细科目	亿仟佰拾万仟佰拾元角分	
出售材料一批	其他业务收入	Y材料	1 0 0 0 0 0 0	
	应交税费	应交增值税（销项税）	1 7 0 0 0 0	
合　　计			￥1 1 7 0 0 0 0	

会计主管　孙林　　记账　路平　　稽核　孙林　　制单　陈丽　　出纳　李强

24. 6月15日，结转出售材料的实际成本8000元（转第3号），见表8-25。

表8-25
转 账 凭 证

2014年6月15日　　　　　　　　转字第 3 号

摘要	借方科目		贷方科目		金额	记账符号
	总账科目	明细科目	总账科目	明细科目	亿仟佰拾万仟佰拾元角分	
结转出售材料的实际成本	其他业务成本		原材料	Y材料	8 0 0 0 0 0	
合　　计					￥8 0 0 0 0 0	

会计主管　孙林　　记账　路平　　稽核　孙林　　制单　陈丽　　出纳　李强

25. 6月15日，结转出售甲产品成本100台（转第4号），见表8-26。

表 8-26

转 账 凭 证

2014 年 6 月 15 日　　　　　　转 字 第 _4_ 号

摘要	借方科目		贷方科目		金额	记账符号
	总账科目	明细科目	总账科目	明细科目	亿仟佰拾万仟佰拾元角分	
结转出售甲产品100台成本	主营业务成本	甲产品	库存商品	甲产品	7 0 0 0 0 0	
合　　计					¥ 7 0 0 0 0 0	

会计主管 孙林　　记账 路平　　稽核 孙林　　制单 陈丽　　出纳 李强

26. 6月15日，企业用银行存款10000元，偿还前欠利盟公司账款（银付第9号），见表8-27。

表 8-27

付 款 凭 证

贷方科目：银行存款　　　　2014 年 6 月 15 日　　　　　　银 付 字 第 _9_ 号

摘要	借方科目		金额	记账符号
	总账科目	明细科目	亿仟佰拾万仟佰拾元角分	
以银行存款偿还款	应付账款	利盟公司	1 0 0 0 0 0 0	
合　　计			¥ 1 0 0 0 0 0 0	

会计主管 孙林　　记账 路平　　稽核 孙林　　制单 陈丽　　出纳 李强

27. 6月15日，企业从市场购入面值3000元的债券10张，年利率为5%，不打算长期持有。以银行存款支付（银付第10号），见表8-28。

表8-28
付 款 凭 证

贷方科目：银行存款　　　　2014年6月15日　　　　银付字第 10 号

摘要	借方科目		金额	记账符号
	总账科目	明细科目	亿仟佰拾万仟佰拾元角分	
企业购入债券	交易性金融资产	成本	3 0 0 0 0 0 0	
合　　计			￥3 0 0 0 0 0 0	

会计主管　孙林　　记账　路平　　稽核　孙林　　制单　陈丽　　出纳　李强

28. 6月15日，企业以银行存款支付应交税金，应上交的消费税7000元付讫（银付第11号），见表8-29。

表8-29
付 款 凭 证

贷方科目：银行存款　　　　2014年6月15日　　　　银付字第 11 号

摘要	借方科目		金额	记账符号
	总账科目	明细科目	亿仟佰拾万仟佰拾元角分	
支付应交税金-消费税	应交税费	消费税	7 0 0 0 0 0	
合　　计			￥7 0 0 0 0 0	

会计主管　孙林　　记账　路平　　稽核　孙林　　制单　陈丽　　出纳　李强

29. 6月15日，企业用现金500元支付保险费（现付第7号），见表8-30。

表8-30

付 款 凭 证

贷方科目：库存现金　　　　　2014 年 6 月 15 日　　　　　现付 字 第 7 号

摘　要	借方科目		金　额											记账符号
	总账科目	明细科目	亿	仟	佰	拾	万	仟	佰	拾	元	角	分	
支付保险费	管理费用	保险费						5	0	0	0	0		
合　计								¥	5	0	0	0	0	

会计主管　孙林　　　记账　路平　　　稽核　孙林　　　制单　陈丽　　　出纳　李强

30. 6月15日，企业用银行存款支付水电费3400元。其中车间用3000元，办公室用400元（银付第12号），见表8-31。

表8-31

付 款 凭 证

贷方科目：银行存款　　　　　2014 年 6 月 15 日　　　　　银付 字 第 12 号

摘　要	借方科目		金　额											记账符号
	总账科目	明细科目	亿	仟	佰	拾	万	仟	佰	拾	元	角	分	
支付水电费	管理费用	水电费							4	0	0	0	0	
	制造费用	水电费						3	0	0	0	0		
合　计								¥	3	4	0	0	0	

会计主管　孙林　　　记账　路平　　　稽核　孙林　　　制单　陈丽　　　出纳　李强

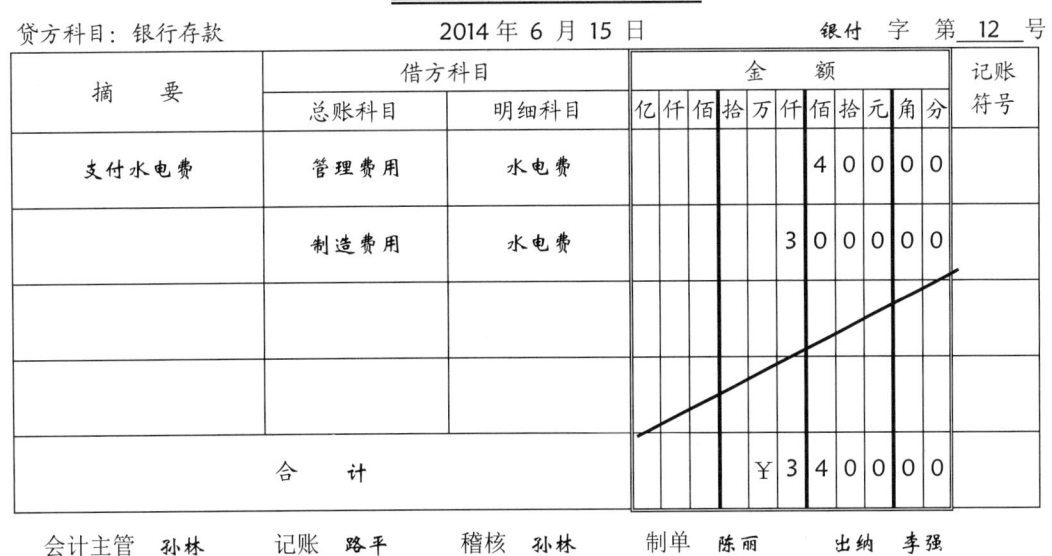

31. 6月15日,收到河西开发区东可工厂,前欠货款10000元,已存入银行(银收第7号),见表8-32。

表8-32

收 款 凭 证

借方科目:银行存款　　　　　2014年6月15日　　　　　银收 字 第 7 号

摘 要	贷方科目		金 额	记账符号
	总账科目	明细科目	亿仟佰拾万仟佰拾元角分	
收到前欠货款	应收账款	东可工厂	1 0 0 0 0 0 0	
合　　计			￥1 0 0 0 0 0 0	

会计主管　孙林　　　记账　路平　　　稽核　孙林　　　制单　陈丽　　　出纳　李强

32. 6月15日,企业用现金200元支付办公用品费(现付第8号),见表8-33。

表8-33

付 款 凭 证

贷方科目:库存现金　　　　　2014年6月15日　　　　　现付 字 第 8 号

摘 要	借方科目		金 额	记账符号
	总账科目	明细科目	亿仟佰拾万仟佰拾元角分	
支付办公费	管理费用	办公费	2 0 0 0 0	
合　　计			￥2 0 0 0 0	

会计主管　孙林　　　记账　路平　　　稽核　孙林　　　制单　陈丽　　　出纳　李强

33. 6月15日，企业出售办公室废品收入现金500元（现收第3号），见表8-34。

表8-34

收 款 凭 证

借方科目：库存现金　　　　2014 年 6 月 15 日　　　　现收 字 第 3 号

摘　要	贷方科目		金　额	记账符号
	总账科目	明细科目	亿 仟 佰 拾 万 仟 佰 拾 元 角 分	
废品收入	营业外收入		5 0 0 0 0	
合　计			￥ 5 0 0 0 0	

会计主管 孙林　　记账 路平　　稽核 孙林　　制单 陈丽　　出纳 李强

34. 库存现金日记账表见表8-35。

35. 银行存款日记账表见表8-36。

表 8-35

库存现金日记账

年		凭证号数	摘 要	对方科目	借 方	贷 方	余 额
月	日						

表 8-36

银行存款日记账

年		凭证号数	摘要	结算凭证		对方科目	借方	贷方	余额
月	日			种类	号数				

实训九　登记明细分类账

一、实训目的

明细分类账簿是根据总分类科目设置的，是按其明细科目或所属二级科目开设的账户，提供明细核算资料的分类账簿。按外表形式可分为三栏式、多栏式和数量金额式，按用途可分为备查账簿、分类账簿和序时账簿。通过本实训的学习，使学生掌握三栏式、多栏式明细账和数量金额式细账的登记方法及登记账簿的规则，理解明细账在会计核算中的作用。

二、实训要求

1. 根据所给资料，登记账簿的期初余额。
2. 分别登记"应收账款""原材料""库存商品"和"管理费用"明细分类账，注意记账规则。进行月结账。
3. 本实训需用明细账若干页。

三、实训资料

瑞金工厂对原材料采用永续盘存制，按实际成本核算，按材料品种设明细账，发出材料和期末结存材料成本按全月一次加权平均法核算。

1. "应收账款"明细分类账的登记。

2014年6月，"应收账款"账户资料如下：

（1）6月1日，应收账款——双元公司"借方"期初余额为34000元。

（2）6月2日，瑞金工厂向双元公司销售商品，售价为10000元，增值税为1700元，开出增值税专用发票，并以现金支票代垫运杂费1000元，合同规定付款期限为一个月。货已发且满足收入确认条件，见表9-1和表9-2。

表9-1

转 账 凭 证

2014 年 6 月 2 日　　　　　　　　　转字 _1_ 号 总字 _1-1/2_ 号

摘要	借方科目		贷方科目		金额	记账符号
	总账科目	明细科目	总账科目	明细科目	亿仟佰拾万仟佰拾元角分	
销售商品	应收账款	双元公司	主营业务收入		1 0 0 0 0 0 0	
	应收账款	双元公司	应交税费	增值税(销项税)	1 7 0 0 0 0	
合　　计					￥1 1 7 0 0 0 0	

会计主管 李琳　　　　记账 王平　　　　稽核 李琳　　　　制单 王丽　　　　出纳 王强

表9-2

付 款 凭 证

贷方科目：银行存款　　　　2014 年 6 月 2 日　　　　银付字第 _1_ 号总字 _1-2/2_ 号

摘要	借方科目		金额	记账符号
	总账科目	明细科目	亿仟佰拾万仟佰拾元角分	
垫付运杂费	应收账款	双元公司	1 0 0 0 0 0	
合　　计			￥　1 0 0 0 0 0	

会计主管 李琳　　　　记账 王平　　　　稽核 李琳　　　　制单 王丽　　　　出纳 王强

（3）6月8日，厂财务部接银行通知，双元公司支付上月所欠货款23000元，见表9-3。

表 9-3
收 款 凭 证

借方科目：银行存款　　　　2014 年 6 月 8 日　　　　收字第 _1_ 号 总字 _3_ 号

摘要	贷方科目		金额 亿仟佰拾万仟佰拾元角分	记账符号
	总账科目	明细科目		
收销货款	应收账款	双元公司	2 3 0 0 0 0 0	
合　　计			¥ 2 3 0 0 0 0 0	

会计主管 _李琳_　　　记账 _王平_　　　稽核 _李琳_　　　制单 _王丽_　　　出纳 _王强_

（4）6 月 10 日，厂销售部销售给双元公司商品，售价为 100000 元，增值税为 17000 元，开出增值税专用发票，合同规定付款条件为 2/10、1/20、n/30（含增值税）。货已发且满足收入确认条件，见表 9-4。

表 9-4
转 账 凭 证

2014 年 6 月 10 日　　　　转字 _2_ 号 总字 _4_ 号

摘要	借方科目		贷方科目		金额 亿仟佰拾万仟佰拾元角分	记账符号
	总账科目	明细科目	总账科目	明细科目		
销售商品	应收账款	双元公司	主营业务收入		1 0 0 0 0 0 0 0	
			应交税费	增值税(销项)	1 7 0 0 0 0 0	
合　　计					¥ 1 1 7 0 0 0 0 0	

会计主管 _李琳_　　　记账 _王平_　　　稽核 _李琳_　　　制单 _王丽_　　　出纳 _王强_

（5）6月18日，厂财务部接银行通知，双元公司已支付6月10日所购商品款，见表9-5和表9-6。

表9-5
收 款 凭 证

借方科目：银行存款　　　　2014 年 6 月 18 日　　　　收字第 2 号　总字 5-1/2 号

摘要	贷方科目		金额									记账符号
	总账科目	明细科目	亿	仟	佰	拾	万	仟	佰	拾	元	角	分	
收销货款	应收账款	双元公司				1	1	4	6	6	0	0	0	
合　　计						¥	1	1	4	6	6	0	0	0	

会计主管 李琳　　　记账 王平　　　稽核 李琳　　　制单 王丽　　　出纳 王强

表9-6
转 账 凭 证

2014 年 6 月 18 日　　　　转字 3 号　总字 6 号

摘要	借方科目		贷方科目		金额									记账符号
	总账科目	明细科目	总账科目	明细科目	亿	仟	佰	拾	万	仟	佰	拾	元	角	分	
收销货款	财务费用		应收账款	双元公司						2	3	4	0	0	0	
合　　计										¥	2	3	4	0	0	0	

会计主管 李琳　　　记账 王平　　　稽核 李琳　　　制单 王丽　　　出纳 王强

2."原材料"和"库存商品"明细账的登记。

2014年2月,"原材料"和"库存商品"总分类账户期初余额见表9-7。

表9-7

原材料和库存商品总分类账户期初余额

2014年2月1日　　　　　　　　　　　　　单位:元

科目	期初余额(借方) 数量/千克	单价	金额	科目	期初余额(借方) 数量/件	单价	金额
原材料—A材料	100	10	1000.00	库存商品—甲产品	200	25.00	5000.00
原材料—B材料	200	12.00	2400.00	库存商品—乙产品	300	30.00	9000.00

(1) 2月5日,厂采购部购进B材料1000千克,单价12元,进价款共计12000元,增值税2040元,对方代垫运杂费300元,开出商业汇票一张,承付期4个月,材料验收入库,见表9-8。

表9-8

转 账 凭 证

2014年2月5日　　　　　　　　　转字 1 号 总字 1 号

摘要	借方科目 总账科目	明细科目	贷方科目 总账科目	明细科目	金额 亿仟佰拾万仟佰拾元角分	记账符号
购进B材料	原材料	B材料	应付票据		1 2 3 0 0 0 0	
	应交税费	增值税(进项税)	应付票据		2 0 4 0 0 0	
合　　计					￥1 4 3 4 0 0 0	

会计主管 李琳　　　记账 王平　　　稽核 李琳　　　制单 王丽　　　出纳 王强

(2) 2月10日,厂采购部购进A材料500千克,单价10元,进价款共计5000元,增值税850元,开出转账支票一张,材料已验收入库,见表9-9。

表 9-9

付 款 凭 证

贷方科目：银行存款　　　　　2014 年 2 月 10 日　　　　　付字第 1 号总字 2 号

摘 要	借方科目		金 额	记账符号
	总账科目	明细科目	亿仟佰拾万仟佰拾元角分	
购进 A 材料	原材料	A 材料	5 0 0 0 0 0	
	应交税费	增值税（进项税）	8 5 0 0 0	
合　　计			￥ 5 8 5 0 0 0	

会计主管 李琳　　　记账 王平　　　稽核 李琳　　　制单 王丽　　　出纳 王强

（3）2 月 15 日，销售部对外出售不需要的 B 材料 50 千克，售价为 600 元，税率为 17%，收到转账支票，材料已发出，见表 9-10。

表 9-10

收 款 凭 证

借方科目：银行存款　　　　　2014 年 2 月 15 日　　　　　银收字 1 号 总字 3 号

摘 要	贷方科目		金 额	记账符号
	总账科目	明细科目	亿仟佰拾万仟佰拾元角分	
销售材料	其他业务收入		6 0 0 0 0	
	应交税费	增值税（销项税）	1 0 2 0 0	
合　　计			￥ 7 0 2 0 0	

会计主管 李琳　　　记账 王平　　　稽核 李琳　　　制单 王丽　　　出纳 王强

（4）2月21日，厂采购部购进 A 材料 500 千克，单价 9.80 元/千克，运杂费 250 元；购进 B 材料 400 千克，单价 11.00 元/千克，运杂费 150 元。增值税率 17%。以银行存款支付价税款，材料验收入库，见表 9-11。

表 9-11

付 款 凭 证

贷方科目：银行存款　　　2014 年 2 月 21 日　　　付字第 _2_ 号　总字 _4_ 号

摘要	借方科目		金额	记账符号
	总账科目	明细科目	亿 仟 佰 拾 万 仟 佰 拾 元 角 分	
购进 A、B 材料	原材料	A 材料	5 1 5 0 0 0	
	原材料	B 材料	4 5 5 0 0 0	
	应交税费	增值税（进项税）	1 5 8 1 0 0	
合　　计			￥1 1 2 8 1 0 0	

会计主管 李琳　　　记账 王平　　　稽核 李琳　　　制单 王丽　　　出纳 王强

（5）2月28日，厂部根据"领料单"，结转本月发出 A、B 材料的实际成本。

1）2月11日，生产车间生产甲产品，领用 A 材料 200 千克，B 材料 300 千克。

2）2月20日，生产车间生产乙产品，领用 A 材料 250 千克。B 材料 400 千克。

3）2月21日，部门维修领用材料，其中：管理部门领用 A 材料 10 千克；车间管理部门领用 B 材料 20 千克。

4）2月27日，销售不需用 B 材料 30 千克。

要求：学生自填凭证，见表 9-12 和表 9-13。

表 9-12

转 账 凭 证

年　月　日　　　　　　转字 _3_ 号 总字 _5-1/2_ 号

摘要	借方科目		贷方科目		金额（亿仟佰拾万仟佰拾元角分）	记账符号
	总账科目	明细科目	总账科目	明细科目		
合　计						

会计主管 _李琳_　　　记账 _王平_　　　稽核 _李琳_　　　制单 _王丽_　　　出纳 _王强_

表 9-13

转 账 凭 证

年　月　日　　　　　　转 _4_ 号 总字 _5-2/2_ 号

摘要	借方科目		贷方科目		金额（亿仟佰拾万仟佰拾元角分）	记账符号
	总账科目	明细科目	总账科目	明细科目		
合　计						

会计主管 _李琳_　　　记账 _王平_　　　稽核 _李琳_　　　制单 _王丽_　　　出纳 _王强_

（6）2月28日，结转完工入库产品成本，其中甲产品数量800件，乙产品数量1200件，成本分别为18760元和26250元，见表9-14。

（7）2月28日，月末结转已销产品成本，其中甲产品630件，乙产品1352件（学生自己填凭证），见表9-15。

表 9-14

转 账 凭 证

2014 年 2 月 28 日　　　　　转字 6 号　总字 6 号

摘要	借方科目		贷方科目		金额	记账符号
	总账科目	明细科目	总账科目	明细科目	亿仟佰拾万仟佰拾元角分	
结转完工产品成本	库存产品	甲产品	生产成本	甲产品	1 8 7 6 0 0 0	
	库存产品	乙产品	生产成本	乙产品	2 6 2 5 0 0 0	
		合　　计			￥4 5 0 1 0 0 0	

会计主管 李琳　　　记账 王平　　　稽核 李琳　　　制单 王丽　　　出纳 王强

表 9-15

转 账 凭 证

2014 年 2 月 28 日　　　　　转字 5 号　总字 7 号

摘要	借方科目		贷方科目		金额	记账符号
	总账科目	明细科目	总账科目	明细科目	亿仟佰拾万仟佰拾元角分	
		合　　计				

会计主管 李琳　　　记账 王平　　　稽核 李琳　　　制单 王丽　　　出纳 王强

3. "管理费用"明细分类账的登记。

2014 年 6 月，厂部发生的管理费用如下（按部门设明细账，按费用种类分项，期初无余额，要求：填制多栏式明细账，结计本月合计、本年累计）。

（1）6月5日，财务部门以现金支付办公用品费460元，见表9-16。

表9-16
付 款 凭 证

贷方科目：库存现金　　　　2014年6月5日　　　　现付字第 _1_ 号 总字 _1_ 号

摘　要	借方科目		金　额	记账符号
	总账科目	明细科目	亿仟佰拾万仟佰拾元角分	
支付办公用品费	管理费用	办公费	４６０００	
合　计			￥　　　　４６０００	

会计主管 _李琳_　　　记账 _王平_　　　稽核 _李琳_　　　制单 _王丽_　　　出纳 _王强_

（2）6月15日，厂销售部业务员李明，出差报销差旅费3300元，原借款3000元，补付现金300元，见表9-17和表9-18。

表9-17
转 账 凭 证

2014年6月15日　　　　转字 _1_ 号 总字 _2-1/2_ 号

摘　要	借方科目		贷方科目		金　额	记账符号
	总账科目	明细科目	总账科目	明细科目	亿仟佰拾万仟佰拾元角分	
报销差旅费	管理费用	差旅费	其他应收款	李明	３０００００	
合　计					￥　　３０００００	

会计主管 _李琳_　　　记账 _王平_　　　稽核 _李琳_　　　制单 _王丽_　　　出纳 _王强_

表 9-18

付 款 凭 证

贷方科目：库存现金　　　　2014 年 6 月 15 日　　　　现付字第 _2_ 号　总字 _2-2/2_ 号

摘要	借方科目		金额	记账符号
	总账科目	明细科目	亿 仟 佰 拾 万 仟 佰 拾 元 角 分	
报销差旅费	管理费用	差旅费	3 0 0 0 0	
合　　计			￥3 0 0 0 0	

会计主管 李琳　　　　记账 王平　　　　稽核 李琳　　　　制单 王丽　　　　出纳 王强

（3）6 月 20 日，办公室领用一次性摊销的低值易耗品（复印纸、签字笔等）180 元，见表 9-19。

表 9-19

转 账 凭 证

2014 年 6 月 20 日　　　　　　转字 _2_ 号 总字 _3_ 号

摘要	借方科目		贷方科目		金额	记账符号
	总账科目	明细科目	总账科目	明细科目	亿 仟 佰 拾 万 仟 佰 拾 元 角 分	
低值易耗品摊销	管理费用	低值易耗品摊销	周转材料	低值易耗品	1 8 0 0 0	
合　　计					￥1 8 0 0 0	

会计主管 李琳　　　　记账 王平　　　　稽核 李琳　　　　制单 王丽　　　　出纳 王强

（4）6月25日，厂销售部报销业务招待费2500，以现金支付，见表9-20。

表9-20
付 款 凭 证

贷方科目：库存现金　　　2014年6月25日　　　现付字第 _3_ 号 总字 _4_ 号

摘　要	借方科目		金　额	记账符号
	总账科目	明细科目	亿 仟 佰 拾 万 仟 佰 拾 元 角 分	
报销业务招待费	管理费用	业务招待费	2 5 0 0 0 0	
合　计			￥ 2 5 0 0 0 0	

会计主管 李琳　　　记账 王平　　　稽核 李琳　　　制单 王丽　　　出纳 王强

（5）6月28日，厂办公室以现金支付，本月行政用车等的燃料费5000元，见表9-21。

表9-21
付 款 凭 证

贷方科目：库存现金　　　2014年6月28日　　　现付字第 _4_ 号 总字 _5_ 号

摘　要	借方科目		金　额	记账符号
	总账科目	明细科目	亿 仟 佰 拾 万 仟 佰 拾 元 角 分	
车辆燃料费	管理费用	燃料费	5 0 0 0 0 0	
合　计			￥ 5 0 0 0 0 0	

会计主管 李琳　　　记账 王平　　　稽核 李琳　　　制单 王丽　　　出纳 王强

(6) 6月30日，财务部分配职工工资及福利费分别为60000元及8400元，见表9-22。

表9-22

转 账 凭 证

2014年6月30日　　　　　　　　　　转字 _3_ 号 总字 _6_ 号

摘要	借方科目		贷方科目		金额										记账符号
	总账科目	明细科目	总账科目	明细科目	亿	仟	佰	拾	万	仟	佰	拾	元	角	分	
分配薪酬	管理费用	工资	应付职工薪酬	工资					6	0	0	0	0	0		
	管理费用	福利费	应付职工薪酬	福利费						8	4	0	0	0		
合　　计							￥	6	8	4	0	0	0	0		

会计主管 _李琳_　　记账 _王平_　　稽核 _李琳_　　制单 _王丽_　　出纳 _王强_

(7) 6月30日，计提工会经费1200元、职工教育经费900元，见表9-23。

表9-23

转 账 凭 证

2014年6月30日　　　　　　　　　　转字 _4_ 号 总字 _7_ 号

摘要	借方科目		贷方科目		金额										记账符号
	总账科目	明细科目	总账科目	明细科目	亿	仟	佰	拾	万	仟	佰	拾	元	角	分	
分配薪酬	管理费用	工会经费	应付职工薪酬	工会经费						1	2	0	0	0		
	管理费用	职工教育经费	应付职工薪酬	职工教育经费							9	0	0	0		
合　　计								￥	2	1	0	0	0	0		

会计主管 _李琳_　　记账 _王平_　　稽核 _李琳_　　制单 _王丽_　　出纳 _王强_

(8) 6月30日,计提固定资产折旧费6000元,其中办公楼5000元,其他1000元,见表9-24。

表9-24

转 账 凭 证

2014 年 6 月 30 日　　　　　转字 5 号 总字 8 号

摘要	借方科目		贷方科目		金额（亿仟佰拾万仟佰拾元角分）	记账符号
	总账科目	明细科目	总账科目	明细科目		
计提折旧费	管理费用	折旧费	累计折旧		6 0 0 0 0 0	
合 计					¥ 6 0 0 0 0 0	

会计主管 李琳　　记账 王平　　稽核 李琳　　制单 王丽　　出纳 王强

(9) 6月30日,财务部门计算本月应负担的水1200元、电费2260元,尚未付款,见表9-25。

表9-25

转 账 凭 证

2014 年 6 月 30 日　　　　　转字 6 号 总字 9 号

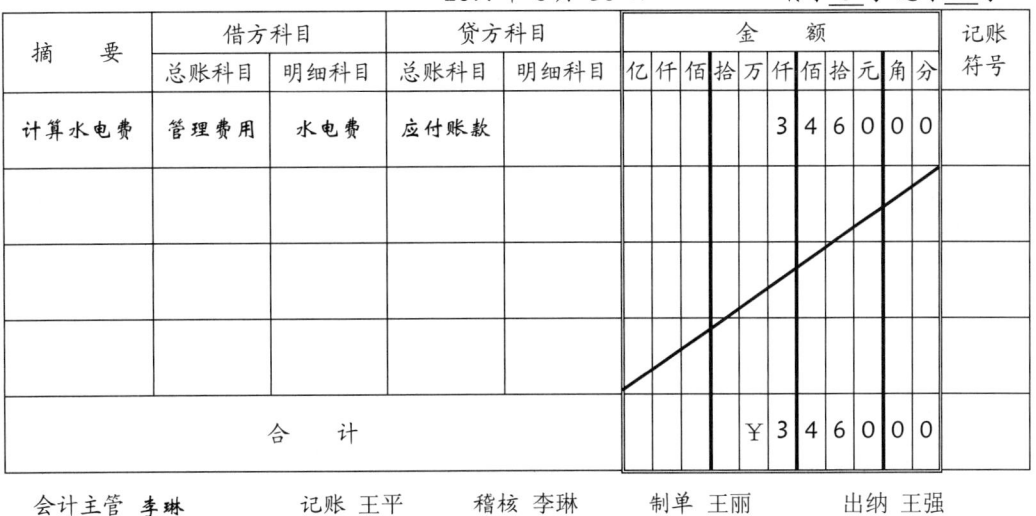

摘要	借方科目		贷方科目		金额（亿仟佰拾万仟佰拾元角分）	记账符号
	总账科目	明细科目	总账科目	明细科目		
计算水电费	管理费用	水电费	应付账款		3 4 6 0 0 0	
合 计					¥ 3 4 6 0 0 0	

会计主管 李琳　　记账 王平　　稽核 李琳　　制单 王丽　　出纳 王强

（10）6月30日，财务部门以现金支付办公设备修理费1280元，见表9-26。

表9-26
付 款 凭 证

贷方科目：库存现金　　　　　　2014年6月30日　　　　　　现付字第 5 号　总字 10 号

摘要	借方科目		金额											记账符号
	总账科目	明细科目	亿	仟	佰	拾	万	仟	佰	拾	元	角	分	
支付修理费	管理费用	修理费						1	2	8	0	0	0	
合　计								¥	1	2	8	0	0	0	

会计主管 李琳　　记账 王平　　稽核 李琳　　制单 王丽　　出纳 王强

（11）6月30日，月末将"管理费用"余额转入"本年利润"账户，见表9-27。

表9-27
转 账 凭 证

2014年6月30日　　　　　　转字 7 号　总字 11 号

摘要	借方科目		贷方科目		金额											记账符号
	总账科目	明细科目	总账科目	明细科目	亿	仟	佰	拾	万	仟	佰	拾	元	角	分	
结转余额	本年利润		管理费用						9	2	6	8	0	0	0	
合　计									¥	9	2	6	8	0	0	0	

会计主管 李琳　　记账 王平　　稽核 李琳　　制单 王丽　　出纳 王强

实训十　登记总分类账

一、实训目的

总分类账简称总账。是根据总分类科目开设账户，用来总括的登记全部经济业务，提供总括核算资料的分类账簿。它是编制会计报表的主要依据，任何企业单位都必须设置总分类账。总分类账簿一般采用三栏式账页，订本式账簿。通过本实训的学习，使学生掌握总分类账簿的登记方法，及期末对账、结账的方法。

二、实训要求

1．根据资料逐项登记银行存款、库存商品、应付账款、应收账款、主营业务收入的总分类账。摘要填写要详细准确。
2．根据结账的要求进行结账。注意月结、年结及（本月合计、累计、结转下年）封账。
3．本实训需用总分类账若干页。

三、实训资料

1．根据实训八中资料采用"记账凭证核算程序"登记"银行存款"总分类账。
2．2014年1月末，瑞金工厂有关科目余额如下：
（1）"库存商品"总分类账余额为1800000元。
（2）"应付账款"总分类账余额为300000元。

要求采用"科目汇总表核算程序"登记"库存商品""应付账款"总分类账，资料见表10-1。

表 10-1
科目汇总表
2014年2月　　　　　　　　　　　　　　　　　　单位：元

会计科目	1—10日发生额 借方	1—10日发生额 贷方	11—20日发生额 借方	11—20日发生额 贷方	21—28日发生额 借方	21—28日发生额 贷方	合计 借方	合计 贷方
库存商品	90000		536000			280000	626000	280000
应付账款		200000	360000	300000		173000	360000	673000

3. 2014年6月"应收账款""主营业务收入"资料如下。

要求采用"科目汇总表核算程序"登记"应收账款""主营业务收入"总分类账，见表10-2和表10-3。

表10-2
总分类账户余额

2014年5月31日　　　　　　　　　　　　　　　　　　单位：元

会计科目	本月合计 借方	本月合计 贷方	本年合计 借方	本年合计 贷方	余额 借方	余额 贷方
应收账款	530000	210000	2120000	1980000	140000	
主营业务收入	258000	258000	2160000	2160000		0

表10-3
科目汇总表

2014年6月　　　　　　　　　　　　　　　　　　单位：元

会计科目	1—10日发生额 借方	1—10日发生额 贷方	11—20日发生额 借方	11—20日发生额 贷方	21—30日发生额 借方	21—30日发生额 贷方	合计 借方	合计 贷方
应收账款	220000	225500	417000	300000	210000	185000	847000	710500
主营业务收入		350000	25000	170000	605000	110000	630000	630000

实训十一　编制银行存款余额调节表

一、实训目的

银行存款余额调节表的编制，实际上就是将银行存款日记账的记录与银行对账单的记录相核对，分析原因，找出差异。造成不一致的原因，有记账错误和未达账项两种情况。未达账项是，企业与银行之间由于凭证的传递和双方入账时间的不同，出现的一方已入账，另一方由于凭证未达到而没有入账的现象。为了避免这一现象，企业需要定期编制银行存款余额调节表。通过本项实训的学习，使学生掌握银行存款余额调节表的编制方法。

二、实训要求

1. 根据银行送来的对账单与本单位的日记账逐笔核对，查找未达账项。
2. 将未达账项的数据填入银行存款余额调节表。
3. 核对调节后的银行存款日记账余额与银行对账单余额。如相等，则该实训编制完成。

三、实训资料

根据以下所给资料编制银行存款余额调节表。

1. 山东瑞金工厂2014年6月银行存款日记账和银行对账单上记录见表11-1和表11-2。

表11-1
山东瑞金工厂银行存款日记账

2014年 月	2014年 日	凭证 字	凭证 号	摘要	借方	贷方	余额
				期初余额			45486
6	25	银付	21	付进货款		62500	
6	26	银付	22	付运杂费		1500	
6	27	银收	29	收销货款	43600		
6	28	银付	31	付原料款		16400	
6	29	银付	35	付手续费		1200	
6	30	银收	39	收销货款	15350		22836

表 11-2
中国工商银行如意支行对账单

2014年 月	日	摘要	结算凭证 种类	号数	收　入	支　出	余　额
		期初余额					45486
6	27	收销货款			43600		
6	27		转账支票	25		62500	
6	28		转账支票	31		1500	
6	28	付管理费				5300	
6	29	投资收益			510		
6	29	收销货款			5600		
6	30		委托付款	40		22800	3096

2. 将未达账项的数据填入银行存款余额调节表，并进行试算平衡，见表11-3。

表 11-3
山东瑞金工厂银行存款余额调节表

年　月　日　　　　　　　　　　　　　　　单位：元

项　目	余　额	项　目	余　额
企业银行存款日记账账面余额		银行对账单余额	
加：企业未入账的收入款项		加：银行未入账的收入款项	
减：企业未入账的支出款项		减：银行未入账的支出款项	
调整后的存款余额		调整后的存款余额	

实训十二　财产清查账务处理

2014年12月31日，山东瑞金工厂在进行财产清查过程中，发现下列情况，写出相应的会计分录，见表12-1。

表12-1

业　务	会　计　分　录
1．企业在财产清查中，应付给天津华意电脑商行货款3900元，因该商行撤消而无法支付	
2．企业在财产清查中，发现甲材料盘盈2吨，每吨160元。尚未报经批准。经查明，盘盈的甲材料系计量仪器不准溢余，批准冲减管理费用	
3．企业在财产清查中，应收繁盛公司货款57000元，经查繁盛公司破产，确属无法收回。经批准转作坏账损失	
4．企业在财产清查中，盘亏乙材料32公斤，单价每公斤13元。经查是材料自然损耗，经批准后转入管理费用	
5．企业在财产清查中，盘亏洗床一台，账面原价53000元，已提折旧9500元。经批准后将其净值转入营业外支出	
6．企业在财产清查中，发现丙材料毁损50公斤，单价每公斤13元。经查是自然损耗所致，批准后转入营业外支出	
7．职工赵某借款1000元，由于该职工离职，企业无法收回，经批准后冲减坏账准备	

实训十三　编制资产负债表

一、实训目的

会计报表，是综合反映企业某一特定日期财务状况、某一会计期间经营成果及现金流量的总结性书面文件。主要包括资产负债表、利润表和现金流量表。本实训的主要目标是使学生熟练地掌握资产负债表及利润表的编制，同时了解现金流量表的构成内容。

二、实训要求

1. 根据所给的实训资料编制资产负债表。
2. 根据所给的实训资料编制利润表。

三、实训资料

企业信息：

会计主体：山东瑞金工厂 （增值税一般纳税人）

开户银行：青岛市工商银行如意支行

账号：56-78963214782；地址：大学路5号

纳税人登记号：350660432001540

四、企业案例

资产负债表的编制：

1. 山东瑞金工厂2014年末有关账户余额表，见表13-1。

表 13-1 山东瑞金工厂 2014 年 12 月 31 日有关账户余额表

账户名称	借方余额	贷方余额	账户名称	借方余额	贷方余额
库存现金	70000		短期借款		260300
银行存款	250000		应付票据		220000
其他货币资金	205000		应付账款		500000
交易性金融资产	25000		预收账款		20000
应收票据	60300		应付职工薪酬		135000
应收股利	35000		应付股利		120000
应收利息	10000		应交税费		45000
应收账款	356000		其他应付款		35000
坏账准备		6000	长期借款		500000
预付账款	60000		实收资本		1500000
其他应收款	10000		资本公积		89000
原材料	350000		盈余公积		256000
库存商品	165000		利润分配		125000
生产成本	185000				
可供出售金融资产	350000				
长期股权投资	140000				
长期股权投资减值准备		20000			
固定资产	2000000				
累计折旧		650000			
在建工程	120000				
无形资产	90000				
	4481300	676000			3805300

注意：

以上资料中经查明有三个账户，应在列表时按规定予以调整：

（1）在"应收账款"账户中有明细账贷方余额 10000 元。

（2）在"应付账款"账户中有明细账借方余额 20000 元。

（3）在"预付账款"账户中有明细账贷方余额 5000 元。

2. 根据本年度相关科目余额表编制资产负债表，见表 13-2。

表 13-2

资产负债表

编制单位：山东瑞金工厂　　　　　　　年　月　日

会企 01 表
单位：元

资产	年初余额	期末余额	负债和所有者权益（或股东权益）	年初余额	期末余额
流动资产：			流动负债：		
货币资金			短期借款		
交易性金融资产			交易性金融负债		
应收票据			应付票据		
应收账款			应付账款		
预付款项			预收款项		
应收利息			应付职工薪酬		
应收股利			应交税费		
其他应收款			应付利息		
存货			应付股利		
一年内到期的非流动资产			其他应付款		
其他流动资产			一年内到期的非流动负债		
流动资产合计			其他流动负债		
非流动资产：			流动负债合计		
可供出售金融资产			非流动负债：		
持有至到期投资			长期借款		
长期应收款			应付债券		
长期股权投资					
投资性房地产			长期应付款		
固定资产			专项应付款		
在建工程			预计负债		
工程物资			递延所得税负债		
固定资产清理			其他非流动负债		
生产性生物资产			非流动负债合计		
油气资产			负债合计		
无形资产			所有者权益(或股东权益)：		
开发支出			实收资本(或股本)		
商誉			资本公积		
长期待摊费用			减：库存股		
递延所得税资产			盈余公积		
其他非流动资产			未分配利润		
非流动资产合计			所有者权益（或股东权益）合计		
资产总计			负债和所有者权益（股东权益）合计		

实训十四 编制利润表

利润表的编制：

一、山东瑞金工厂 2014 年 12 月有关损益类科目累计发生额，见表 14-1。

表 14-1
2014 年 12 月有关损益类科目累计发生额

科目名称	借方发生额	贷方发生额
主营业务收入		14 000 573
其他业务收入		500 000
主营业务成本	8 300 845	
其他业务成本	350 000	
营业税金及附加	20 031	
销售费用	210 083	
管理费用	971 684	
财务费用	300 954	
资产减值损失	309 601	
投资收益		19 680
营业外收入		500 684
营业外支出	220 497	
所得税费用	1 053 957	

二、根据以上相关科目编制利润表，见表14-2。

表 14-2

利 润 表

会企 02 表

编制单位：山东瑞金工厂　　　　2014 年 12 月　　　　　　　　单位：元

项　　目	本期数	本年累计数
一、营业收入		
减：营业成本		
营业税金及附加		
销售费用		
管理费用		
财务费用		
资产减值损失		
加：公允价值变动收益（损失以"-"填列）		
投资收益（损失以"-"号填列）		
其中：对联营企业和合营企业的投资收益		
二、营业利润（亏损以"-"号填列）		
加：营业外收入		
减：营业外支出		
其中：非流动资产处置损失		
三、利润总额（亏损总额以"-"号填列）		
减：所得税费用		
四、净利润（净亏损以"-"号填列）		
五、每股收益：		
（一）基本每股收益		
（二）稀释每股收益		

基础会计项目综合实训

一、实训目的

通过本课程实训，强化实践性环节的教学，使学生全面、系统地掌握企业会计核算的基本程序和方法，熟悉部分经济业务的账务处理，培养学生的基本操作技能和动手能力，以进一步理解和掌握会计的基础理论、基本方法和基本技能，为今后学习其他专业课程打下坚实的基础。

二、实训要求

1. 根据资料开设原材料、生产成本及库存商品总账及明细账，并登记期初余额。
2. 填制部分原始凭证，填制记账凭证。
3. 根据记账凭证编制科目汇总表（10天汇总一次）。
4. 根据记账凭证登记有关明细账，根据科目汇总表登记总分类账户。
5. 计算各账户本期发生额及余额，进行月末对账和结账。
6. 在账账相符的基础上，编制资产负债表和利润表。

三、实训资料

1. 企业概况

光华集团是一个中型企业（增值税一般纳税人），主要生产 A 产品和 B 产品。采用科目汇总表核算形式。该企业财务部有五名会计人员，分工为出纳、总账报表、成本费用核算、往来结算和会计主管的岗位。

2. 企业信息

纳税人登记号：350603001112679
开户银行：工商银行济南趵突泉支行
账号：16030058633804966；
地址：济南市文化路 42 号；电话 82760166
核定的库存现金限额为 4500 元。

四、企业案例

（一）光华集团 2014 年 12 月 1 日总分类账户余额，见表 1。

表1

12月初总账账户期初余额表 单位：元

账户名称	借方余额	贷方余额
库存现金	2,970	
银行存款	452,000	
应收票据	50,000	
应收账款	18,000	
其他应收款	6,000	
原材料	300,000	
库存成品	260,000	
生产成本	70,490	
交易性金融资产	9,000	
长期股权投资	100,000	
固定资产	2,474,000	
累计折旧		620,000
无形资产	10,000	
短期借款		400,000
应付票据		316,000
应付账款		70,000
应交税费		33,960
应付职工薪酬		25,000
其他应付款		460
应付利息		20,000
实收资本		1,300,000
资本公积		75,000
盈余公积		62,040
本年利润		830,000
合　计	3,752,460	3,752,460

（二）2014年12月1日，有关明细账户余额见表2至表6。

1."原材料"（见表2）。

表2

甲材料	30,000公斤，每公斤4.10元，计123,000元
乙材料	59,000公斤，每公斤3元，计177,000元

2. "生产成本"（见表3）。

表3

成本计算对象	月初在产品数量（件）	月初在产品成本				
^	^	直接材料	燃料和动力	直接人工	制造费用	合计
B产品	10	40,000	5,490	15,000	10,000	70,490

3. "库存商品"（见表4）。

表4

A产品	650件，总成本140000元
B产品	750件，总成本120000元

4. "应付账款"（见表5）。

表5

济南公司	（贷方）20,000元
聊城公司	（贷方）50,000元

5. "应交税费"（见表6）。

表6

应交增值税	15,330元
应交城建税	1,073元
教育费附加	460元
应交所得税	17,097元

（三）光华集团12月份发生的经济业务如下。

1. 12月1日，光华集团会计刘琳开出现金支票一张，从银行提取现金1800元备用，见表7。

表7

```
         中国工商银行
         现金支票存根
Ⅶ Ⅱ221498
科    目
对方科目
出票日期  2014年12月1日
  ┌─────────────────┐
  │ 收款人：  光华集团      │
  │ 金  额： ￥1800.00     │
  │ 用  途：  备用         │
  │ 备  注：              │
  └─────────────────┘
  单位主管     会计  刘琳
```

2. 12月2日，集团以转账支付南京公司合同滞纳赔偿金2600元，见表8。

表8
中国工商银行赔偿金收入特种转账传票

委托日期　2014 年 12 月 2 日　　　　　　　　　第　号

收款人	全　称	南京公司	付款人	全　称	光华集团
	账号或地址	221138275101		账号地址	16030058633804966
	开户行	工中山路办事处		开户银行	工商银行济南趵突泉支行
委收金额	人民币（大写）贰仟元整			千百十万千百十元角分　　　¥ 2 6 0 0 0 0	
原凭证张数		赔偿金	2600.00	科　目（　） _____	
原凭证名称		号码	000306	对方科目（　） _____	
备注: 合同违约赔偿金			银行盖章	复核　　记账　　制票	

单位主管　　　　　会计　　　　　复核　　　　　记账

3.（1）12月2日，光华集团从上海公司购入甲材料28680元，已通过银行以委托收款方式付清，见表9和表10。

表9
铁路局运杂费专用发票

上海铁路局运输号码　　　　　　　　　　　　　　NO 865494

发站	上海	到站	济南市	车种车号		货车自重	
集装箱型	HG	运到期限		保价金额		运价里程	
收款人	全称	光华集团	发货人	地址	上海公司	现付费用	
	地址	济南市文化路		全称	蒲东新区	项目	金额
购货名称	件数	货物重量	计费重量	运价号	运价率	附记	运费	340.00
甲材料	1	6000					保险费	150.00
							其他	110.00
发货人声明事项:								
铁路局声明事项:							合计	600.00

表10

上海增值税专用发票

开票日期：　　　　　　　　　2014 年 12 月 28 日　　　　　　　　NO.0063490

购货单位	名称	光华集团		纳税人登记号					350603001112679							
	地址电话	济南市文化路42号		开户银行账号					工商银行济南趵突泉支行 16030058633804966							

商品或劳务名称	计量单位	数量	单价	金　　额								税率	金　　额							
				百	十万	千	百	十	元	角	分	%	百	十万	千	百	十	元	角	分
甲材料	kg	6000	4		2	4	0	0	0	0	0	17			4	0	8	0	0	0
合计				¥	2	4	0	0	0	0	0		¥		4	0	8	0	0	0
价税合计	× 佰　× 拾 贰 万 捌 仟 零 佰 捌 拾 零 元 零 角 零 分　¥ 28080.00																			

销货单位	名称	上海公司	纳税人登记号	230102100120054
	地址	上海浦东新区	开户银行账号	工行十二办

收款人：张平　　　　开票单位（未盖章无效）　　　　结算方式：转账

（2）在上海公司购入的甲材料已运达企业并已经验收入库，按其实际成本转账，见表11。

表11

供应单位：上海公司　　　　　　　收　料　单　　　　　　材料科目：编号：01
发票号码：0063490　　　　　　2014 年 12 月 2 日　　　　　材料类别：甲材料 仓库：壹

材料编号	名称	规格	计量单位	数量		实际成本				
				应收	实收	买价		运杂费	其他	合计
						单价	金额			
	甲材料		kg	6000	6000	4	24000	600		24600

收款人：刘彬　　　　　　　　　　　　　　经手人：陈明

4. 12月2日，光华集团接银行通知，黄海公司归还前欠货款8000元，已存入银行，见表12。

表12
中国工商银行信汇凭证

委托日期 2014年12月2日　　　　　　　　　第 87 号

汇款人	全 称	黄海公司			收款人	全 称	光华集团		
	账号或地址	116600004101				账号地址	16030058633804966		
	汇出地点	山东省聊城市	汇出行名称	工商银行聊城营业部		汇出地点	山东省济南市	汇入行名称	工商银行济南趵突泉支行营业部
金额	人民币（大写）捌仟元正				千 百 十 万 千 百 十 元 角 分 ￥ 8 0 0 0 0 0				
汇款用途：货款					留行待取预留 收款人印鉴				

5. 12月3日，光华集团接银行通知，收到宏达公司投资30000元，见表13。

表13
中国工商银行　信汇凭证（收账通知）　　　委托号码：000069

委托日期 2014年12月3日　　　　　　　　　第 号

汇款人	全 称	宏达公司		收款人	全称	光华集团	
	账号或地址	3674515638			账号地址	16030058633804966	
	开户行	工商银行郑州营业部			开户银行	工商银行济南趵突泉支行	
委收金额	人民币（大写）叁万元整				千 百 十 万 千 百 十 元 角 分 ￥ 3 0 0 0 0 0 0		
款项内容	投资	委托收款凭据名称		发 票	附寄单证张数	2	
备注：				款项收妥日期 年 月 日		收款人开户行盖章月日	

　　单位主管　　　　会计　　　　　复核　　　　　记账

6. 12月3日，集团采购员刘成出差，预借差旅费1000元，经领导批准，以现金支付，见表14。

表14

借　　据（副联）

2014 年 12 月 3 日

今借到人民币（大写）￥　壹仟元整　

其中：支票_____ 现金_____

系作_____差旅费_____之用

批准人：　　负责人：　　借款人：刘成

本联系记账联，
只作记账依据，
不作结算凭证。

7. 12月4日，光华集团销售给徐州公司A产品的货款，已收到并存入银行，见表15和表16。

表15

山东增值税专用发票

开票日期：2014年12月4日　　　　　　　　　　NO.0063490

购货单位	名称	徐州公司			纳税人登记号								29060210010036									
	地址电话	中州路188号			开户银行账号								工商行二分行　20100356									

商品或劳务名称	计量单位	数量	单价	金　　额								税率	金　　额								
				百	十万	千	百	十	元	角	分	%	百	十万	千	百	十	元	角	分
A产品	件	500	200		1	0	0	0	0	0	0	17			1	7	0	0	0	0
合计				￥	1	0	0	0	0	0	0		￥		1	7	0	0	0	0
价税合计（大写）		×佰　壹拾壹万柒仟零佰捌拾零元零角零　分　　￥117000.00																			
销货单位	名称	光华集团			纳税人登记号								370900100120060									
	地址电话	济南市文化路42号 82760166			开户银行账号								工商银行济南趵突泉支行									

收款人：李为　　　开票单位（未盖章无效）　　　结算方式：转账

表16

中国工商银行进账单（收账通知）

2014年12月4日　　　　　　　　　　　　　　　　第004号

收款人	全　称	光华集团	付款人	全　称	徐州公司
	账　号	16030058633804966		账　号	20100354
	开户银行	工商银行济南趵突泉支行		开户银行	市工行二分行

人民币（大写）	壹拾壹万柒仟零佰零拾零元整	千	百	十	万	千	百	十	元	角	分
		¥	1	1	7	0	0	0	0	0	0

票据种类	转 支	1	收款银行盖章
单位主管　　会计　　复核　　记账			

8. 12月4日，光华集团会计刘琳，用银行存款交纳上月各种税金及教育费附加43550元，见表17。

表17

```
中国工商银行
转账支票存根
Ⅶ Ⅱ 2498354
科　目　银行存款
对方科目　应交税费
出票日期  2014 年 12 月 4 日

  收款人：   王力
  金　额： ¥43550.00
  用　途：  交税金及教育费附加
  备　注：

单位主管　　　会计  刘琳
```

9. 12月5日，集团销售给长江公司的B产品，收到长江公司期限为六个月的银行承兑汇票，见表18。

表18

山东增值税专用发票

开票日期：2014年12月5日　　　　　　　　　　　№0063490

购货单位	名 称	长江公司			纳税人登记号								280602100120026							
	地址电话	长江路188号			开户银行账号								工商长江分行　20100668112							
商品或劳务名称		计量单位	数量	单价	金　　　额								税率	金　　　额						
					百	十	万	千	百	十	元	角	分	%	百	十	万	千	百	十	元	角	分
B产品		件	200	300			6	0	0	0	0	0	0	17			1	0	2	0	0	0	0
合计						￥	6	0	0	0	0	0	0			￥	1	0	2	0	0	0	0
价税合计		×佰×拾柒万零仟贰佰零拾零元零角零分　￥70200																					
销货单位	名 称	光华集团			纳税人登记号								370900100120060							
	地址电话	济南市文化路42号 82760166			开户银行账号								工商银行济南趵突泉支行							

收款人：李为　　　开票单位（未盖章无效）　　　结算方式：转账

10. 12月6日，集团会计刘琳从银行提取现金70000元，备发工资，见表19。

表19

```
      中国工商银行
      现金支票存根
   Ⅶ Ⅱ 221499
   科    目
   对方科目
   出票日期 2014年12月6日
  ┌─────────────────┐
  │ 收款人： 光华集团        │
  ├─────────────────┤
  │ 金  额： ￥70000.00      │
  ├─────────────────┤
  │ 用  途： 发工资          │
  ├─────────────────┤
  │ 备  注：                 │
  └─────────────────┘
   单位主管      会计  刘琳
```

11. 12月6日，以现金发放本月职工的工资，见表20和表21。

表20

<u>工 资 结 算 单</u>

机加工车间：钳工班　　　　　2014年12月

姓 名	基本工资		奖金	加班工资	应付工资	实发工资	签章
	标准工资	岗技工资					
李明	158	62	50	25	295	295	（略）
张义	228	80	32	15	355	355	
合 计	1820	680	400	250	3150	3150	

（其他车间、部门工资结算单略）

表21

<u>工 资 结 算 汇 总 表</u>

2014年12月6日

姓 名		基本工资		奖金	加班工资	应付工资	实发工资	签章
		标准工资	岗技工资					
基本生产车间	生产工人	36,000	4,000	6,000	4,000	50,000	50,000	
	管理人员	3,000		1,000		4,000	4,000	
企业管理人员		12,000		4,000		16,000	16,000	
合 计		51,000	4,000	11,000		70,000	70,000	

主管　张勤　　　　　审核　李艳　　　　　制表　刘东

12. 12月6日，集团仓库发出甲、乙材料，用途见表22。

表22

用 途	甲材料		乙材料		合 计
	数量（kg）	金额（元）	数量（kg）	金额（元）	
生产A产品	10,000	41,000	5,000	15,000	56,000
生产B产品	6,000	24,600	4,000	12,000	36,600
车间一般耗用			1,000	3,000	3,000
行政管理部门			2,000	6,000	6,000
合 计	16,000	65,600	12,000	36,000	101,600

13. 12月6日，国家投入光华集团新设备一台，已交付车间使用，见表23和表24。

表23

资 产 评 估 报 告 书

根据《国有资产评估管理办法》对贵厂接受山东国资委投入磨床一台进行评估，确认价为人民币陆万元整。

中国注册会计师　　李　忠　　张　华

济南天桥会计师事务所

二〇一四年十二月六日

表24

固 定 资 产 转 移 单

投出单位：山东省国资委

投入单位：光华集团　　　　2014年12月6日　　　　转移单号：008

转移原因		投　资			确认价值		60,000元
名称	规格型号	单位	数量	预计使用年限	已使用年限	原值	已提折旧	净值
磨床		台	1	10		60,000		

投出单位 财务科长： 设备科长：	（公章）	投入单位 财务科长： 设备科长：	（公章）

14. 12月6日，集团向聊城公司购入甲材料，已验收入库款暂欠，见表25和表26。

表25

山东增值税专用发票

开票日期：2014 年 12 月 6 日　　　　　　　　　　　　　　　　　　　NO.0063490

购货单位	名称	光华集团			纳税人登记号										350603001112679								
	地址电话	济南市文化路42号			开户银行账号										工商银行济南趵突泉支行 16030058633804966								
商品或劳务名称		计量单位	数量	单价	金　　额									税率	金　　额								
					百	十	万	千	百	十	元	角	分	%	百	十	万	千	百	十	元	角	分
甲材料		公斤	5000	4.10		2	0	5	0	0	0	0	0	17			3	4	8	5	0	0
乙材料		公斤	20000	3.00		6	0	0	0	0	0	0	0	17		1	0	2	0	0	0	0
合计					¥	8	0	5	0	0	0	0			¥	1	3	6	8	5	0	0
价税合计（大写）		×佰 ×拾玖万肆仟壹佰捌拾伍元零角零分 ¥ 94185.00																					
销货单位	名称	聊城公司			纳税人登记号										3712010210015056								
	地址电话	聊城新华路 6874659			开户银行账号										工行城中办事处 47846057228								

收款人：张平　　　　开票单位（未盖章无效）　　　　结算方式：转账

表26

供应单位：聊城公司　　　　**收　料　单**　　　　材料科目：原材料　编号：02
发票号码：0063490　　　　2014 年 12 月 6 日　　　　材料类别：甲材料　仓库：01

材料编号	名称	规格	计量单位	数量		实际成本				
				应收	实收	买价		运杂费	其他	合计
						单价	金额			
	甲材料		公斤	5000	5000	4.10	20500			20500
	乙材料		公斤	20000	20000	3.00	60000			60000

收款人：刘彬　　　　　　　　　　　　　　　　　　　经手人：袁红

15. 12月7日，集团销售给郑州公司A、B产品，已办妥委托收款手续，见表27和表28。

表27
山东增值税专用发票

开票日期： 2014年12月7日 NO.0000068

购货单位	名称	郑州公司	纳税人登记号	876948645132555
	地址电话	郑州市东关街 3876452	开户银行账号	3674515638

商品或劳务名称	单位	数量	单价	金额（百十万千百十元角分）	税率%	金额（百十万千百十元角分）
A产品	件	600	200	1 2 0 0 0 0 0 0	17	2 0 4 0 0 0 0
B产品	件	500	300	1 5 0 0 0 0 0 0	17	2 5 5 0 0 0 0
合计				¥ 2 7 0 0 0 0 0 0		¥ 4 5 9 0 0 0 0
价税合计（大写）	×佰 叁拾壹万伍仟玖佰零拾零元零角零分　¥315900.00

销货单位	名称	光华集团	纳税人登记号	350603001112679
	地址电话	济南市文化路82760166	开户银行账号	16030058633804966

收款人：李为　　　开票单位（未盖章无效）　　　结算方式：转账

表28
委 托 银 行 收 款 凭 证

委托日期：2014年12月7日　　　　　　　　委托号码：000069　　第　号

付款人	全 称	郑州公司	收款人	全 称	光华集团
	账号或地址	3674515638		账号地址	16030058633804966
	开户行	工商银行郑州营业部		开户银行	工商银行济南趵突泉支行

委收金额	人民币（大写） 叁拾壹万伍仟玖佰元正	千百十万千百十元角分 ¥ 3 1 5 9 0 0 0 0

款项内容	销售产品货款	委托收款凭据名称	发 票	附寄单证张数	2

备注：		款项收妥日期 年 月 日	收款人开户银行盖章 月 日

单位主管　　　会计　　　复核　　　记账

16. 12月8日，集团由于业务需要，向银行申请取得三个月借款，已办妥，见表29和表30。

表29

中国工商银行短期借款合同

立合同单位： 中国工商银行济南分行（以下简称贷款方）
　　　　　　　光华集团　　　　　　（以下简称借款方）

为明确责任，恪守合同，特签订本合同，共同信守。

一、贷款种类：企业短期流动资金借款

二、借款金额：贰拾万元整

三、借款用途：购原材料

四、借款利息：月息千分之　一　，按季收息，利随本清。如遇国家调整利息率，按调整后的规定计算。

五、借款期限：借款时间自二〇一四年十二月八日 至 二〇一五年 三 月 八日止。

六、还款来源：主营业务收入

七、还款方式：转账

八、保证条款：借款方请岱东公司作为借款人保证方，经贷款方审查，证实保证方具有担保资格和足够代偿借款的能力。保证方有权检查和督促借款方履行合同。当借款方不履行合同时，由保证方承担偿还借款本息的责任。必要时贷款方可以从保证方的存款户内扣收贷款本息。

九、违约责任：（略）

十、合同附件（略）

本合同正本一式三份，借款方、贷款方、保证方各执一份；合同副本×份，报送×有关各单位各留存一份。

贷款方：工行济南分行(公章)　　　　法人代表：宋明(盖章)
借款方：光华集团(公章)　　　　　　法人代表：张勤(盖章)
借款方开户银行：工商银行济南趵突泉支行　　账　户：16030058633804966

2014年12月8日

表 30
工业企业借款借据（收账通知）

借款企业名称：光华集团　　2014 年 12 月 8 日

贷款种类	短期流动资金借款	贷款号	136	存款账号	16030058633804966
借款金额	人民币（大写）贰拾万元整	亿 千 百 十 万 千 百 十 元 角 分 ￥ 2 0 0 0 0 0 0 0 0				

借款用途：购原材料

约定还款期：期限 3 个月　　于 2015 年 3 月 8 日到期

上列货款已批准发放，转入你单位存款户 　　此致 　　　　　（银行签章）	单位分录： 借： 贷： 主管　　会计　　复核　　记账 　　　年　　月　　日

17. 12 月 8 日，光华集团偿还聊城公司的采购材料款，见表 31。

表 31
中国工商银行电汇凭证

委托日期　2014 年 12 月 8 日　　　　　　　　第 87 号

汇款人	全称	光华集团			收款人	全称	聊城公司		
	账号或地址	16030058633804966				账号地址	47846057228		
	汇出地点	山东省济南市	汇出行名称	工行济南趵突泉支行		汇出地点	山东省聊城市县	汇入行名称	工商银行聊城营业部
金额	人民币（大写）玖万肆仟壹佰捌拾伍元正					千 百 十 万 千 百 十 元 角 分 　　　　￥ 9 4 1 8 5 0 0				
	汇款用途：采购材料					汇出行盖章				
	上列款项已委托办理，如需查询，请持此回单来行面洽					年　　月　　日				

单位主管　　　　会计　　　　出纳　　　　记账

18. 12月9日，集团办公室购买办公用品，以现金支付，见表32和表33。

表32

办 公 用 品 领 用 表

2014年12月9日

领用部门	领 发 数 量				金额
	计算器	工作手册	墨水	稿纸	
机加工车间		12	5	10	43.00
铆焊车间		10	4	8	35.00
装配车间		10	4	8	35.00
维修车间		8	3	6	27.00
厂部	3	20	10	25	360.00
合 计	3	60	26	57	500.00

表33

济南市商业零售统一发票

客户名称：光华集团　　　　2014年12月9日　　　　NO.0582762

货号	品名及规格	单位	数量	单价	金　　额						
						万	千	百	十	元	角	分
	计算器	个	3	90.00	超十万元无效			2	7	0	0	0
	工作手册	本	60	1.50					9	0	0	0
	稿纸	本	57	2.00				1	1	4	0	0
	墨水	瓶	26	1.00					2	6	0	0
合计金额	（大写）伍佰元整				合计	¥	5	0	0	0	0
付款方式	现金			开户银行及账号								

收款企业（盖章有效）　　　收款人：张力　　　　开票人：李红

19. 12月10日，集团接银行通知，集团对外投资的款项，收到的投资收益已收妥入账，见表34和表35。

表34

中国工商银行　　进账单

2014 年 12 月 10 日　　　　　　　　　　　　　　　　　　第　026　号

收款人全称	光华集团			账号地址	16030058633804966								
				开户银行	工商银行济南趵突泉支行								
委收金额	人民币（大写）陆仟元整				百	十万	千	百	十	元	角	分	
							￥6	0	0	0	0	0	
付款人	全称或账号	开户行	种类	十万 千 百 十 元 角 分				全称或账号	开户行	票据种类			
	鲁中公司	工行	转支	￥6 0 0 0 0 0									

单位主管　　　　　会计　　　　　　　　复核　　　　　　　　记账

表35

光华集团收款收据

2014 年 12 月 10 日　　　　　　　　　　　　　　　　　　№166

交款单位	鲁中公司	交款人签章	李兴	金　额							
				十	万	千	百	十	元	角	分
金额（大写）	肆仟元整				￥6	0	0	0	0	0	
事由	投资收益										

20．12月11日，集团会计刘琳向希望工程捐款10000元。以银行存款支付，见表36和表37。

表36

```
        中国工商银行
        转账支票存根
    Ⅶ Ⅱ 2498355
    科    目
    对方科目
    出票日期 2014年12月11日
    ┌─────────────────────────┐
    │ 收款人： 中国青少年基金      │
    │ 金  额： ￥10000.00        │
    │ 用  途： 希望工程捐款        │
    │ 备  注：                    │
    └─────────────────────────┘
    单位主管       会计 刘琳
```

表37

中国青少年基金会专用收据

2014年12月11日　　　　　　　　　　　　　　　№000878

交款单位	光华集团	交款人签章	刘琳	金额							
				百	十万	千	百	十	元	角	分
金额（大写）	壹万元整			￥	1	0	0	0	0	0	0
事由	收到光华集团捐款										

21．12月12日，经光华集团董事会批准，将盘亏的设备（电动机）一台，电动机的原价25000元，估计折旧5000，净值20000元，转作营业外支出，见表38。

表38

盘点盈亏报告表

单位名称：　　　　　　　　　2014年12月12日　　　　　　　　　单位：元

编号	类别名称	计量单位	单价	实存		账存		盘盈			盘亏		
				数量	金额	数量	金额	数量	原值	折旧	净值	原值	折旧	净值
9	设备	台	25000	6	125000	5	150000	1				25000	5000	20000

会计主管：　　　　　盘点负责人：　　　　　实物负责人：　　　　　制表：

22. 12月13日，集团产品做广告。以银行存款支付产品广告费，见表39和表40。

表39

山东省行政事业性收费票据

交费单位或个人姓名：光华集团　　　　2014年12月13日　　　　第Ⅱ　　№166

收费项目	计量单位	数量	单价	金额								
				百	十	万	千	百	十	元	角	分
广告费	次					¥	5	6	0	0	0	0
合计金额（大写）	伍千陆佰元整								¥5600.00			

收费单位（印）　　　　　　　　　　　　　　　收款人（章）

表40

```
中国工商银行
转账支票存根
Ⅶ Ⅱ 2498356
科　目
对方科目
出票日期 2014年 12月 13日
┌─────────────────────┐
│ 收款人：  济南广告公司      │
│ 金　额：  ¥5600.00         │
│ 用　途：  广告费            │
│ 备　注：                    │
│ 单位主管    会计  刘琳      │
└─────────────────────┘
```

23．12月15日，集团以银行存款支付下一年的财产保险费4800元，见表41和表42。

表41

```
       中国工商银行
       转账支票存根
  Ⅶ Ⅱ2498357
  科    目
  对方科目
  出票日期 2014 年 12 月 15 日
  ┌─────────────────────────┐
  │ 收款人： 中保济南公司     │
  │ 金  额： ￥4800.00        │
  │ 用  途： 支付财产保险费   │
  │ 备  注：                  │
  └─────────────────────────┘
  单位主管       会计  刘琳
```

表42

财保济南分公司 收 款 收 据

2014 年 12 月 15 日　　　　　　　　　　　　　　　№166

交款单位	光华集团	交款人签章	赵明	金　额								
				百	十	万	千	百	十	元	角	分
金额大写	肆仟捌佰元整					￥	4	8	0	0	0	0
事由	财产保险费											

24. 12月16日，集团以银行存款购入新设备一台，已交付使用，见表43至表45。

表43

固 定 资 产 交 接 单

2014年12月16日

编号	名称	规格	型号	计量单位	数量	实际价格	增值税	取货方式	技术资料
	机床			台	1	20000	3400	购买	
购建单位	土建工程费	设备款	运杂费	安装费	合计	折旧年限		预计残值	预计清理费
		20000			20000	10		1200	1000
管理部门签章			保管部门签章		财会部门签章				

表44

山东增值税专用发票

开票日期：　　　　　2014年12月16日　　　　　　　　　　№.0000000101

购货单位	名称	光华集团	纳税人登记号	350603001112679
	地址电话	济南市文化路42号 82760166	开户银行账号	工商银行济南趵突泉支行 16030058633804966

商品或劳务名称	计量单位	数量	单价	金额 百十万千百十元角分	税率 %	金额 百十万千百十元角分
机床	台	1	20000	2 0 0 0 0 0 0	17	3 4 0 0 0 0
合计				￥2 0 0 0 0 0 0		￥　3 4 0 0 0 0
价税合计（大写）	×佰 ×拾贰万叁仟肆佰零拾零元零角零分　　　　￥23400.00						

销货单位	名称	鲁南机械厂	纳税人登记号	37040002000234050
	地址电话	枣庄市周庄路6874669	开户银行账号	工行市中区办事处 33146053600

收款人：周帆　　　　开票单位（未盖章无效）　　　　结算方式：转账

表45

中国工商银行电汇凭证

委托日期　　　　　　　　　　2014年12月16日　　　　　　　第 87 号

汇款人	全　称	光华集团			收款人	全　称	鲁南机械厂		
	账号或地址	工商银行济南趵突泉支行 16030058633804966				账号地址	山东枣庄周庄路 47846057228		
	汇出地点	山东省济南市县	汇出行名称	工行财院分理处		汇出地点	山东省枣庄市	汇入行名称	工行枣庄市中营业部

金额	人民币（大写）贰万叁仟肆佰元整	千	百	十	万	千	百	十	元	角	分
					¥	2	3	4	0	0	0

汇款用途：购买机床	汇出行盖章
上列款项已委托办理，如需查询，请持此回单来行面洽	年　月　日

单位主管　　　　　会计　　　　　出纳　　　　　记账

25. 12月17日，采购部采购员刘成出差归来，报销差旅费880元，剩余现金交回，见表46和表47。

表46

借　款　结　算　联

借款人	刘成
日期　　金额	12月17日
借款金额	¥1000.00
报销金额	¥880.00
交回金额	¥120.00
结付金额	
借款人签章	刘成
借款结清后,将"借款结算联"撕下,留会计处作账依据。	
数原借	1000.00
报销数	880.00
交回数	120.00

表47

差 旅 费 报 销 单

单位名称：供应科　　　　报销日期：2014 年 12 月 17 日

姓名	刘成	报销项目	单据张数	金额	备注
		火车票	2	370.00	
出差地点	南京	汽车票	6	3.00	
		门票	1	3.00	
出差事由	参加订货会	船票	2	80.00	
		旅馆票	1	400.00	
出差日期	自12月15日至12月16日	其　他			
	共 2 天	补贴（每日标准12元）		24.00	
	夜间乘车　　夜	合　计	12	￥880	

合计金额（大写）：捌 佰 捌 拾 零 元 零 角 零 分

部门或负责人（签章）丁青立　　　　　　　　　结算人：刘成

26．12 月 18 日，集团会计刘琳以银行存款 300000 元。从某科研所购入专利权一项，已办妥有关手续，见表 48 和表 49。

表48

山东省行政事业性收费票据

交费单位或个人姓名：光华集团　　　2014 年 12 月 18 日　　　第Ⅱ №.06568

收费项目	计量单位	数量	单价	金　　额							
				百	十	万	千	百	十	元	角	分
技术转让费	项			￥	3	0	0	0	0	0	0	0
合计金额（大写）	叁拾万元整			￥ 300000.00								

收费单位（印）　　　　　　　　　　　　　　　收款人（章）李强

表 49

中国工商银行
转账支票存根
Ⅶ Ⅱ 2498358
科　　目
对方科目
出票日期 2014 年 12 月 18 日

收款人：	东岳科研所
金　额：	￥300000.00
用　途：	支付专利权费
备　注：	

单位主管　　　会计　刘琳

27. 12 月 20 日，集团在上月份销售 A 产品，今收到莱芜公司的银行承兑汇票到期，已办妥进账手续，见表 50。

表 50

中国工商银行　进账单

2014 年 12 月 20 日　　　　　　　　　　　第 046 号

| 收款人 | 全　称 | 光华集团 | 账号地址 | 16030058633804966 |
| | | | 开户银行 | 工商银行济南趵突泉支行 |

| 人民币（大写） | 贰万元整 | 百 | 十 | 万 | 千 | 百 | 十 | 元 | 角 | 分 |
| | | | | ￥ | 2 | 0 | 0 | 0 | 0 | 0 |

| 付款人 | 全称或账号 | 开户行 | 票据种类 | 十 | 万 | 千 | 百 | 十 | 元 | 角 | 分 | 全称或账号 | 开户行 | 票据种类 | | |
| | 莱芜公司 | 工行 | 转支 | ￥ | 2 | 0 | 0 | 0 | 0 | 0 | 0 | | | | | |

单位主管　　　　会计　　　　复核　　　　记账

28. 12月21日，集团接银行通知，企业原开出并承兑的商业承兑汇票到期，办妥手续，见表51。

表51

委 托 收 款 凭 证

委托号码：0000679

委托日期 2014年12月21日   第 号

收款人	全 称	光华集团	付款人	全 称	河南郑州公司
	账号或地址	16030058633804966		账号地址	33245038450
	开户行	工商银行济南趵突泉支行		开户银行	工行郑州郑新办事处

委收金额	人民币（大写）叁拾壹万伍仟玖佰元整	千 百 十 万 千 百 十 元 角 分 ¥ 3 1 5 9 0 0 0 0

款项内容	收取销货款	委托收款凭据名称	委邮	附寄单证张数	2

备注：		款项收妥日期 年 月 日	收款人开户银行盖章 月 日

单位主管   会计   复核   记账

29. 12月22日，集团收到中兴公司的罚款，存入银行，见表52。

表52

光华集团收款收据

2014年12月22日   №188

交款单位	泰山中兴公司	交款人签章	周朋	金 额
				百 十 万 千 百 十 元 角 分
金额（大写）	壹仟元整			¥ 1 0 0 0 0 0
事由	罚款			现金

30. 12月23日，集团接受外商捐赠全新设备一台。该磨床的市场价格为18000元，见表53。

表53

固定资产转移单

投出单位：华尔公司
投入单位：光华集团　　　2014年12月23日　　　转移单号：008

名称	规格及型号	单位	数量	预计使用年限	已使用年限	原值	已提折旧	净值
磨床		台	1	10		18000		

调出单位 财务科长：王常 设备科长：张亮	（公章）	调入单位 财务科长：徐波 设备科长：吴昊	（公章）

31. 12月24日，经集团批准，将资本公积转赠注册资本，见表54和表55。

表54

光华集团文件

济字第6号

关于用资本公积转增资本的决议

　　为扩大本企业资本规模，增加企业实力，经公司股东大会研究决定，用资本公积人民币叁万元整，转增资本。

　　董事长：刘方文

光华集团董事会（公章）

二〇一四年十二月二十四日

表55

济南市工商局文件

济工字第078号

关于光华集团资本公积转增资本的批复

　　光华集团用资本公积人民币叁万元整，转增实收资本，符合资本公积转增资本的有关规定，同意按法定程序办理转增手续。

　　特此批复

济南市工商局

二〇一四年十二月二十四日

32. 12月25日，集团偿还短期借款，见表56。

表56
偿还贷款凭证（第一联）

2014年12月25日

借款单位	光华集团	贷款户账号	16030058633804966			结算账号		16030058633804966		
还款金额（大写）	叁拾万元整	亿	千	百	十	万	千	百	十	元	角	分
				¥	3	0	0	0	0	0	0	0
上列款已由你单位账户内收回到期贷款此致 银行盖章	备注：									

33. 12月26日，集团接银行通知，收到郑州公司货款，见表57。

表57
委 托 收 款 凭 证

委托号码：0000679

委托日期 2014年12月26日　　　第　号

收款人	全　称	光华集团	付款人	全　称	河南郑州公司
	账号或地址	16030058633804966		账号地址	33245038450
	开户行	工商银行济南趵突泉支行		开户银行	工行郑州郑新办事处
委收金额	人民币（大写） 叁拾壹万伍仟玖佰元正		千 百 十 万 千 百 十 元 角 分 ¥ 3 1 5 9 0 0 0 0		
款项内容	收取销货款	委托收款凭据名称	委邮	附寄单证张数	2
备注：			款项收妥日期 年 月 日	收款人开户银行盖章 月 日	

单位主管　　　　会计　　　　复核　　　　记账

34. 12月26日，光华集团会计刘琳以银行存款支付抗洪救灾捐款，见表58和表59。

表58

济南市民政局收款收据

2014 年 12 月 26 日　　　　　　　　　　　　　　　　№000898

交款单位	光华集团	交款人签章	赵明	金　　额								
				百	十	万	千	百	十	元	角	分
金额（大写）	贰仟陆佰元整 ||||			￥	2	6	0	0	0	0
事由	抗洪救灾										

表59

```
       中国工商银行
       转账支票存根
   Ⅶ Ⅱ 2498360
   科    目  银行存款
   对方科目  营业外支出
   出票日期  2014 年 12 月 26 日
   ┌─────────────────────┐
   │ 收款人： 济南民政局      │
   │ 金  额： ￥2600.00      │
   │ 用  途： 抗洪救灾       │
   │ 备  注：               │
   └─────────────────────┘
   单位主管       会计  刘琳
```

35. 12月31日，计提本月固定资产折旧，见表60。

表60

2014 年 12 月份

固定资产使用部门	应计提折旧固定资产原值	月折旧率	本月计提折旧额
生产车间	1320000		12000
行政管理部门	880000		8000
合　　计	2200000		20000

36. 12月31日，光华集团以银行存款支付本月电费，见表61至表63。

表61

2014年12月份

产品、部门、项目	产量（ ）	单位定额（ ）	定额耗用量（ ）	分配率	应分配费用额
A产品					6000
B产品					5000
车间一般耗用					4300
企业管理部门					4700
合　　计					20000

表62

中国工商银行

转账支票存根

Ⅶ Ⅱ 2498361

科　目　银行存款

对方科目　管理费用

出票日期　2014年12月31日

收款人：　济南电业局

金　额：　¥20000.00

用　途：　电费

备　注：

单位主管　　　会计　刘琳

表63

山东增值税专用发票

开票日期：　　　　　　　　2014 年 12 月 31 日　　　　　　　　№.0000000101

购货单位	名称	光华集团			纳税人登记号								350603001112679									
	地址电话	济南市文化路42号 82760166			开户银行账号								工商银行济南趵突泉支行 16030058633804966									

商品或劳务名称	计量单位	数量	单价	金　　额									税率%	金　　额								
				千	百	十	万	千	百	十	元	角	分		千	百	十	万	千	百	十	元	角	分
电费	kW						2	0	0	0	0	0	0	17					3	4	0	0	0	0
合计							¥2	0	0	0	0	0	0						¥3	4	0	0	0	0
价税合计（大写）	× 仟 × 佰 × 拾 贰 万 叁 仟 肆 佰 圆 整　　　¥ 23400.00																							

销货单位	名称	济南电业局	纳税人登记号	37090002000234058
	地址电话	济南市灵山路 6874669	开户银行账号	工行天桥区办事处 2212005247

收款人：扬帆　　　　　　开票单位（未盖章无效）　　　　　　结算方式：转账

37．12月31日，计算应由本月负担的无形资产的摊销额2960元。

38．12月31日，预提本月负担的银行短期借款利息，见表64。

表64

项　　目	应借账户	金　　额
短期借款利息	财务费用	2000
合　　计		2000

39．12月31日，分配结转本月职工工资，见表65。

表65

2014年12月份

应借账户 部门人员	生产成本		制造费用	管理费用	合计
	A产品	B产品			
生产工人工资	30000	20000			50000
车间管理人员			4000		4000
企业管理人员				16000	16000
合　　计	30000	20000	4000	16000	70000

40．12月31日，按本月应付职工工资总额的6%计提职工福利费，见表66。

表66

应借账户	项　目	应付工资	应付福利费（6%）
生产成本	A产品	30000	
	B产品	20000	
制造费用		4000	
管理费用		16000	
合　　计		70000	

41．12月31日，分配结转本月制造费用总额，见表67。

表67

2014年12月份

成本计算对象	分配标准（生产工人工资）	分配率	分配额
合　计			

42．12月31日，结转本月完工产品成本。A产品投产1000件，全部完工。B产品投产950件，完工650件，未完工产品2件约等于一件完工产品（使用在产品科目），见表68。

表68

产品名称	产量	直接材料	直接人工	制造费用		总成本	单位成本
合　计							

43．12月31日，结转已销售产品的生产成本，见表69。

表69

2014年12月份

产品名称	计量单位	月初结存		本月完工入库		加权平均单价	本月销售	
		数量	总成本	数量	总成本		数量	总成本
A产品								
B产品								
合　计								

备注：加权平均单价=(产品起初总额+本期入库总额)/(产品起初数量+本期入库数量)

44. 12月31日，结转本月产品销售税金及附加，见表70。

表70

纳税人名称								微机编号			
纳税期限	年 月 日		纳税所属时期		年 月 至 年 月 日			税务登记证号			
应税货物或劳务的名称	计税数量	计量单位	计税依据	税率	销项税额	进项税额		应纳税额	减免税额	批准缓税额	本期申报应纳税
						合计	本期允许抵扣				
1	2	3	4	5	6=4×5	7	8	9=6-8	10	11	12=9-10-11
合计											
城建税				7%							
教育费附加				3%							
附列资料	增值税专发领、存情况		领用数量		使用数量（组）			作废数量		结存数量	
申报单位或代理机构	申报人或代理人（公章）				税务机关审核			受理日期 　　（公章）			
	申报日期　　年 月 日							审核日期　　　　审核人			

45. 12月31日，计算结转本月应交所得税（25%），见表71。

表71

本月所得税计算表

2014年12月31日

计税依据（本期利润总额）	税率	本期应交所得税金额
	25%	

46. 12月31日，结清各损益类账户，见表72。

表72

账户名称	结转前各账户余额	
	借　方	贷　方
主营业务收入		
主营业务成本		
销售费用		
营业税金及附加		
其他业务收入		
其他业务成本		
管理费用		
财务费用		
投资收益		
营业外收入		
营业外支出		
所得税费用		

47. 12月31日，将全年净利润总额转入"利润分配"账户。

48. 12月31日，按规定，进行全年净利润分配，见表73。

表73

项目	分配比例	分配余额
本月净利润		
全年净利润		
可供分配的利润		
提取法定盈余公积	10%	
应付投资者利润		30000

49. 12月31日，结转"利润分配"各明细账户。

50. 12月31日，编制本月资产负债表及利润表，见表74和表75。

表74

资产负债表

编制单位：　　　　　　　　　年　月　日

会企01表
单位：元

资　　产	年初余额	期末余额	负债和所有者权益（或股东权益）	年初余额	期末余额
流动资产：			流动负债：		
货币资金			短期借款		
交易性金融资产			交易性金融负债		
应收票据			应付票据		
应收账款			应付账款		
预付款项			预收款项		
应收利息			应付职工薪酬		
应收股利			应交税费		
其他应收款			应付利息		
存货			应付股利		
一年内到期的非流动资产			其他应付款		
其他流动资产			一年内到期的非流动负债		
流动资产合计			其他流动负债		
非流动资产：			流动负债合计		
可供出售金融资产			非流动负债：		
持有至到期投资			长期借款		
长期应收款			应付债券		
长期股权投资					
投资性房地产			长期应付款		
固定资产			专项应付款		
在建工程			预计负债		
工程物资			递延所得税负债		
固定资产清理			其他非流动负债		
生产性生物资产			非流动负债合计		
油气资产			负债合计		
无形资产			所有者权益（或股东权益）：		
开发支出			实收资本（或股本）		
商誉			资本公积		
长期待摊费用			减：库存股		
递延所得税资产			盈余公积		
其他非流动资产			未分配利润		
非流动资产合计			所有者权益（或股东权益）合计		
资产总计			负债和所有者权益（股东权益）合计		

表75

利 润 表

编制单位：　　　　　　　　　　　年　月　　　　　　　　　　　　会企02表
单位：元

项　　目	本期数	本年累计数
一、营业收入		
减：营业成本		
营业税金及附加		
销售费用		
管理费用		
财务费用		
资产减值损失		
加：公允价值变动收益（损失以"–"填列）		
投资收益（损失以"–"号填列）		
其中：对联营企业和合营企业的投资收益		
二、营业利润（亏损以"–"号填列）		
加：营业外收入		
减：营业外支出		
其中：非流动资产处置损失		
三、利润总额（亏损总额以"–"号填列）		
减：所得税费用		
四、净利润（净亏损以"–"号填列）		
五、每股收益：		
（一）基本每股收益		
（二）稀释每股收益		

参考文献

[1] 袁三梅，等．基础会计实训[M]．北京：人民邮电出版社，2012．
[2] 随秀娟，谢婉娥．基础会计模拟实训[M]．天津：天津大学出版社，2009．
[3] 李新．基础会计模拟实训[M]．上海：立信会计出版社，2010．
[4] 彭卉，李英贵．基础会计模拟实训教程[M]．广州：华南理工大学出版社，2010．
[5] 李海波，蒋瑛．基础会计实训[M]．上海：立信会计出版社，2010．
[6] 蒋泽生．基础会计模拟实训[M]．2版．北京：中国人民大学出版社，2011．
[7] 史新浩，李梅．会计基础实训[M]．北京：清华大学出版社，2012．
[8] 陈红梅，苏善江．基础会计模拟实训教程[M]．哈尔滨：哈尔滨工业大学出版社，2011．
[9] 施海丽，常化滨．基础会计模拟实训[M]．北京：清华大学出版社，2013．
[10] 于家臻，陈洪法．会计基础模拟实训[M]．北京：电子工业出版社，2015．